流程优化风暴

企业流程数字化转型从战略到落地

王 磊 孟玲娜 高 巍 熊 韧 张 炬 编著

当前，企业流程的数字化已经成为其数字化转型热点，它能将移动、社交、云技术、大数据、人工智能及数字孪生等数字化技术融合到业务流程及其管理中。本书首先对企业流程数字化转型相关的概念、战略实施进行了介绍；然后从绩效指标、发起机制、路径规则、消除断点、消除冗余等方面详细阐述了业务流程的数字化转型和优化方法；最后给出了几个典型的实施案例。

本书内容从战略层面到落地执行层面，除专门的案例章节外，还在其他章节中虚拟了"博阳家居"这样一家生产衣柜的家具公司，以其流程数字化转型的过程贯穿全书。

本书适合从事企业流程数字化转型相关工作的咨询人员、企业管理人员以及相关软件的产品经理和系统设计人员阅读。

图书在版编目（CIP）数据

流程优化风暴：企业流程数字化转型从战略到落地/王磊等编著 .—北京：机械工业出版社，2022.7（2024.7重印）

ISBN 978-7-111-71099-8

Ⅰ.①流… Ⅱ.①王… Ⅲ.①企业管理-业务流程-数字化 Ⅳ.①F272.7

中国版本图书馆 CIP 数据核字（2022）第 113437 号

机械工业出版社（北京市百万庄大街 22 号　邮政编码 100037）

策划编辑：赵小花　责任编辑：赵小花

责任校对：徐红语　责任印制：郜　敏

三河市宏达印刷有限公司印刷

2024 年 7 月第 1 版第 5 次印刷

169mm×239mm・14.25 印张・2 插页・260 千字

标准书号：ISBN 978-7-111-71099-8

定价：79.00 元

电话服务	网络服务
客服电话：010-88361066	机　工　官　网：www.cmpbook.com
010-88379833	机　工　官　博：weibo.com/cmp1952
010-68326294	金　书　网：www.golden-book.com
封底无防伪标均为盗版	机工教育服务网：www.cmpedu.com

前　言
PREFACE

2019年，我的第一本书《流程管理风暴：EBPM方法论及其应用》正式出版，标志着EBPM方法论的诞生。之后，EBPM方法论被越来越多的企业管理者关注和认可，请我去企业内部培训或者拿着书来与我研讨的朋友络绎不绝，甚至有客户在对我们公司的项目进行验收时，除了合同外还拿出书来一页一页比对。这一切，都让我深受鼓舞。

数字化时代已经来临，新一代的数字化技术正在快速重构这个世界，令人眼花缭乱的变化正在发生。面对日新月异的数字化技术，如何善加利用以促成企业的数字化转型，企业的管理者们急需一套方法论加以指导，EBPM方法论恰好生逢其时。

"管理体系建模理论"和"全生命周期管理理论"是EBPM方法论的两大核心理论，这两套理论勾勒出了企业管理数字化转型的实施路线，即基于管理要素构建一套管理体系模型，然后基于这套结构化、一体化和数字化的模型，实现管理体系从设计、执行、治理到优化的PDCA闭环。

需要强调的是，EBPM方法论中提到的企业管理体系PDCA闭环是基于数字化模型的闭环，也可称之为"数字孪生"闭环。所谓"数字孪生"，就是针对现实世界中的实体对象，在数字化虚拟世界中构建完全一致的对应模型，然后通过各种信息技术获取实体对象的实际运行数据并回传到数字化模型中，让虚拟模型也同步动起来，实现孪生模型的仿真运行，进而对实体对象进行数字化监控和优化分析。"数字孪生"技术最先被应用到了企业数字化智能制造体系的构建中，现在正迅速扩展到企业管理体系的数字化转型中。可以这么说，"EBPM方法论"和"数字孪生"就是一对理论和技术的完美组合。

《流程管理风暴：EBPM方法论及其应用》是EBPM方法论的第一本书，侧重于阐述基本原理。受篇幅所限，书中未就实践方法进行详细说明。2019年该书正式出版时，曾与机械工业出版社的编辑约定，如果这样一本偏理论的书销量尚可的话，就再写一本侧重于实践的续篇。未曾料到，读者的反响很是热烈，书的销量也远超预期，早已达到"触发"写作第二本书的指标。

于是，我2021年开始动笔，历经一年多时间，完成了EBPM方法论的第二本书《流程优化风暴：企业流程数字化转型从战略到落地》。与上一本书主要阐述理论不同，为了更好地说明实践方法，本书虚拟了"博阳家居"这样一家生产衣柜的家具公司，其企业流程数字化转型的过程是贯穿全书所有章节的一个案例。

另外，自2019年诞生以来，EBPM方法论在近几年的实践中不断得到完善和优化，这些新的发展在本书中也得到了体现。在此，要特别感谢熊韧先生和褚晓宇女士为整理、汇总相关材料所付出的努力，感谢博阳精讯的客户们所贡献的真知灼见。

还是那句话，EBPM方法论还处在不断发展的阶段，本书的出版是EBPM方法论的又一个逗号，离句号还有很长的路要走，愿与各行各业继续同行！

王 磊

2022年03月30日于上海古北

CONTENTS 目录

前 言

战略篇：战略管理的数字化转型和优化

第 1 章　数字化时代的流程管理　/　2

1.1　厘清几个与"数字"和"流程"有关的概念　/　2

    1.1.1　"数字化""数字化流程""流程数字化转型"　/　2

    1.1.2　"流程管理""数字化流程管理""流程管理数字化转型"　/　3

1.2　数字孪生：流程管理数字化转型的关键技术　/　4

1.3　能力架构：从战略到落地的关键节点　/　6

1.4　本书行文的特别说明　/　9

    1.4.1　关于 EBPM 方法论　/　9

    1.4.2　关于博阳家居　/　9

    1.4.3　关于标点符号的特别约定　/　9

第 2 章　战略建模：用数字化模型解码战略　/　10

2.1　企业商业模式模型　/　10

    2.1.1　商业模式画布　/　10

    2.1.2　EBPM 市场分析矩阵　/　11

2.2　业务能力架构模型　/　15

    2.2.1　梳理 <一级能力项>　/　15

    2.2.2　从 <一级能力项> 到 <二级能力项>　/　20

2.2.3 从 <二级能力项> 至 <三级能力项> / 22

2.3 战略目标解码模型 / 23

2.3.1 <战略目标解码模型> 的构建方法 / 24

2.3.2 <战略目标解码模型>对接<三级能力项>和<职能流程> / 25

2.3.3 博阳家居的<战略目标解码模型> / 25

2.3.4 博阳家居的<关键能力热图> / 29

2.4 企业管控模式模型 / 31

2.4.1 管控体系当前面临的问题 / 31

2.4.2 <企业管控模式模型> 构建方法 / 34

2.4.3 博阳家居的<企业管控模式模型> / 34

第3章 战略赋能：基于战略模型赋能企业 / 39

3.1 流程赋能：基于战略模型赋能企业的途径之一 / 39

3.1.1 职能流程架构 / 39

3.1.2 端到端流程架构 / 58

3.1.3 二维流程架构 / 96

3.2 职责赋能：基于战略模型赋能企业的途径之二 / 97

3.2.1 职责架构的构建 / 97

3.2.2 职责赋能的途径 / 102

第4章 战略管理：用数字化模型管理战略 / 104

4.1 战略建模：构建数字化的战略模型 / 104

4.2 战略监控：基于数字化模型监控战略 / 104

4.2.1 数字化监控：监控<战略目标解码模型> / 104

4.2.2 数字化监控：监控<能力架构> / 106

4.3 战略优化：基于数字化模型调整战略 / 108

流程篇：业务流程的数字化转型和优化

第 5 章 承接战略，构建"连得通""转得动""精益化"的数字化流程 / 112

5.1 消除断点：确保流程"连得通""转得动" / 112
    5.1.1 流程断点的识别和消除 / 112
    5.1.2 信息断点的识别和消除 / 118
    5.1.3 组织断点的识别和消除 / 126
    5.1.4 系统断点的识别和消除 / 130

5.2 消除冗余：数字化流程的极简主义风格 / 134
    5.2.1 流程步骤的精益化 / 135
    5.2.2 审批环节的精益化 / 135
    5.2.3 流程角色的精益化 / 137
    5.2.4 职责条款的精益化 / 144
    5.2.5 制度条款的精益化 / 145

第 6 章 承接战略，构建"多、快、好、省、稳"的数字化流程 / 150

6.1 绩效指标：流程的衡量器 / 150
    6.1.1 如何定义流程绩效 / 150
    6.1.2 绩效管理的数字化转型 / 153

6.2 发起机制：流程的神经元 / 153
    6.2.1 什么是流程的发起机制 / 154
    6.2.2 流程发起机制的数字化转型 / 155

6.3 路径规则：任务的派发器 / 158
    6.3.1 什么是流程的路径规则 / 158
    6.3.2 如何构建<流程路径选择表> / 160
    6.3.3 如何构建<角色人员授权表> / 164

6.3.4 流程路径选择的数字化转型 / 168

6.4 社交功能：流程的润滑剂 / 169
　　6.4.1 社交功能在数字化流程中的作用 / 169
　　6.4.2 流程沟通机制的数字化转型 / 170

6.5 授权体系：流程的控制器 / 171
　　6.5.1 流程中如何构建授权模型 / 171
　　6.5.2 授权管控体系的数字化转型 / 173

6.6 风控管理：流程的安全阀 / 175
　　6.6.1 风控体系的数字化设计 / 176
　　6.6.2 风控体系的数字化执行 / 176
　　6.6.3 风控体系的数字化治理 / 177
　　6.6.4 风控体系的数字化优化 / 177

第7章　承接战略，构建"自动化"和"智能化"的数字化流程 / 178

7.1 流程机器人：帮助企业实现流程自动化 / 178
　　7.1.1 流程自动化：流程机器人时代已经到来 / 178
　　7.1.2 流程智能化：流程机器人已经开始识别和思考 / 179

7.2 流程挖掘：帮助企业发现和分析流程 / 180
　　7.2.1 什么是流程挖掘 / 180
　　7.2.2 流程挖掘的作用和价值 / 182
　　7.2.3 流程挖掘能替代流程梳理吗？ / 182

7.3 流程还原：帮助企业监控和分析流程 / 183
　　7.3.1 什么是流程还原 / 183
　　7.3.2 流程还原的作用和价值 / 185

目 录

案例篇：流程及流程管理数字化转型和优化案例

第8章 流程优化案例：合同至回款（OTC）端到端流程 / 190

8.1 目标绩效有取数点吗？ / 190

8.2 消除断点，打通"七经八脉" / 193

    8.2.1 消除流程断点 / 193

    8.2.2 消除系统断点 / 195

    8.2.3 消除信息断点 / 196

    8.2.4 消除组织断点 / 200

8.3 消除冗余，实现流程精益化 / 202

8.4 系统升级，更加"多、快、好、省、稳" / 203

8.5 转型和优化后的效果 / 204

第9章 流程优化案例：合同变更端到端流程 / 206

9.1 合同变更带来的困局 / 206

9.2 数字化突围：合同变更端到端流程的梳理 / 207

    9.2.1 梳理和构建数字化端到端流程模型 / 207

    9.2.2 构建"数字孪生"流程还原分析平台 / 208

    9.2.3 实现合同变更流程的数字化转型和优化 / 209

9.3 转型和优化后的效果 / 209

第10章 流程管理优化案例：流程管理的数字化转型 / 211

10.1 流程管理面临的问题 / 211

10.2 基于数字化模型的治理体系 / 212

    10.2.1 构建流程治理组织体系 / 212

10.2.2 构建管理体系的数字化模型 / 213

10.2.3 实现治理流程的数字化运行 / 213

10.2.4 实现管理体系的数字化发布 / 214

10.2.5 构建"数字孪生"治理流程还原分析平台 / 215

10.3 数字化转型和优化后的效果 / 215

第 11 章 EBPM 方法论简介 / 216

11.1 为什么提出 EBPM 方法论 / 216

11.2 基于管理要素 / 217

11.3 EBPM 方法论的主要内容 / 218

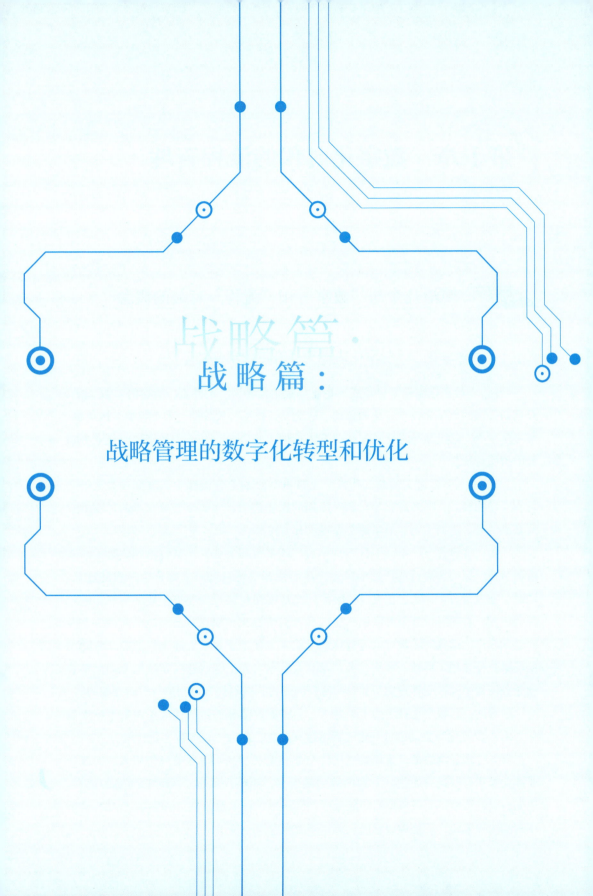

战略篇：

战略管理的数字化转型和优化

第 1 章　数字化时代的流程管理

1.1　厘清几个与"数字"和"流程"有关的概念

1.1.1　"数字化""数字化流程""流程数字化转型"

当前,"数字化流程"已经成为企业"数字化转型"的热点。所谓的"数字化"是指新一代的数字化技术,比如移动、社交、云技术、大数据、人工智能、区块链、数字孪生等。这批新技术已经开始改变人们的工作方式,并成为数字化时代业务流程的鲜明特征。

"数字化流程"就是将新一代数字化技术融合到业务流程中,改变相关人员参与和互动的模式,提升流程参与者对流程的影响能力,大幅改善参与者的体验并提升其满意度,进而为企业战略的实现提供有力支撑。

比如,客户在某一电商平台下订单后,该平台马上会显示从订单到收货的所有流程节点,标明客户目前所处的状态,从而使客户可以随时掌握整个流程的进展。同时,通过留言、评论、催促、提醒等社交功能使得客户能够更多地参与和影响流程的进程。有些平台甚至可以根据交通和天气情况来预测送货员到达的时间,并及时通知客户。这些功能都可以通过移动终端来方便地实现。上述人们已经非常熟悉的场景充分体现了移动、社交、云技术、大数据、人工智能这些新技术是如何整合到业务流程中并改变客户参与和影响流程的能力,进而提升流程参与者满意度的。

随着新一代数字化技术的不断融入,企业原有流程的运行模式正在发生巨大变化。由"数字化"驱动的这一轮流程再造和优化,称为流程数字化转型。

需要特别强调的是,流程数字化转型务必要从端到端流程的视角切入。支撑企业商业模式有效运行的是一系列的端到端流程,而不仅仅是一个个功能性的流程。比如,收款流程是一条典型的功能流程,但是对于订单至收款(Order-to-Cash)这条端到端流程来说,只是构成它的众多功能流程中的一条。

企业的组织架构通常是按职能分工来设置的，比如财务、采购、生产等，与之对应，现有IT系统的建设也基本上是按职能来建立的，从而在企业内部出现了众多的功能性系统，比如客户关系管理系统、财务管理系统、人事管理系统、生产计划系统等。在数字化时代，企业不仅面临着如何将各种功能系统中的"业务数据"贯通的问题，同时还面临着如何从业务运营角度实现"业务活动"端到端贯通的问题。

总之，企业已构建的各类功能系统的价值不可否认。但是，从端到端流程的视角切入，构建真正贯通的运营系统，实现端到端流程的数字化才是流程数字化转型的重点所在。

1.1.2 "流程管理""数字化流程管理""流程管理数字化转型"

什么是"流程管理"？简言之就是将企业的流程理清楚、管起来并持续进行优化的过程，实践路径如图1-1所示。

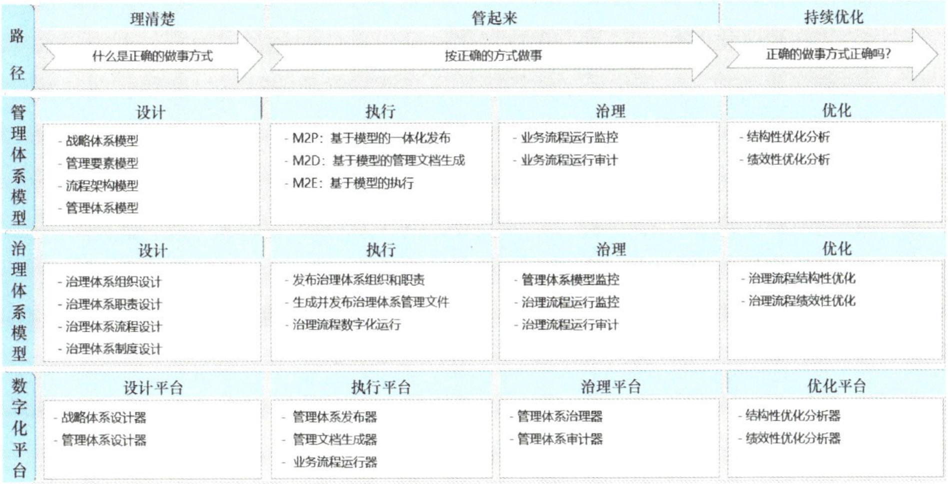

路径	理清楚	管起来		持续优化
	什么是正确的做事方式	按正确的方式做事		正确的做事方式正确吗？
管理体系模型	设计 - 战略体系模型 - 管理要素模型 - 流程架构模型 - 管理体系模型	执行 - M2P：基于模型的一体化发布 - M2D：基于模型的管理文档生成 - M2E：基于模型的执行	治理 - 业务流程运行监控 - 业务流程运行审计	优化 - 结构性优化分析 - 绩效性优化分析
治理体系模型	设计 - 治理体系组织设计 - 治理体系职责设计 - 治理体系流程设计 - 治理体系制度设计	执行 - 发布治理体系组织和职责 - 生成并发布治理体系管理文件 - 治理流程数字化运行	治理 - 管理体系模型监控 - 治理流程运行监控 - 治理流程运行审计	优化 - 治理流程结构性优化 - 治理流程绩效性优化
数字化平台	设计平台 - 战略体系设计器 - 管理体系设计器	执行平台 - 管理体系发布器 - 管理文档生成器 - 业务流程运行器	治理平台 - 管理体系治理器 - 管理体系审计器	优化平台 - 结构性优化分析器 - 绩效性优化分析器

● 图1-1 流程管理实践路径

"数字化流程管理"就是在数字化平台上将流程理清楚、管起来并持续进行优化。实现"数字化流程管理"的过程，就是"流程管理数字化转型"。

EBPM方法论认为，数字化流程管理应包括以下四部分核心内容：管理体系模型、治理体系模型、数字化平台和全生命周期，这四者缺一不可，构成了数字化流程管理的完整定义。这四项核心内容，通俗地说，就是回答了数字化流程管理四个方面的问题，即"管什么""怎么管""用什么管""管多宽"。

- **管理体系模型**：将企业设计和描述管理体系的载体从电子文档转化为数字化

模型，构建完整的管理体系"数字孪生"模型。将管理对象数字化，是实现数字化管理的前提条件。数字化的管理体系模型包括战略体系模型、管理要素模型、流程架构模型、管理体系模型这四大业务模型。其中，流程架构模型是管理体系模型的核心和纽带。管理体系模型回答了数字化流程管理的第一个命题，即"管什么"。数字化流程管理是管"模型"，因为"模型"是实际业务流程的数字化呈现，是实际业务流程在虚拟世界中的"数字孪生体"。

- **治理体系模型**：针对数字化的管理体系模型构建管理这套模型的治理体系模型。数字化的治理体系模型包括治理体系组织模型、治理体系职责模型、治理体系流程模型和治理体系制度模型。治理体系模型回答了数字化流程管理的第二个命题，即"怎么管"。
- **数字化平台**：数字化平台是构建数字化管理体系模型和治理体系模型的技术载体，也是基于这两套模型进行数字化运行、监控和优化的技术手段。在数字化时代，数字化平台已经内化为"业务流程管理"这个概念的一个组成部分。在数字化时代，对于不在数字化系统中设计和运行的流程，就不可能实现数字化管理。数字化平台回答了数字化流程管理的第三个命题，即"用什么管"。
- **全生命周期**：以业务流程为核心和纽带的企业管理体系，从设计规划，到执行、治理和优化，经历了一个完整的 PDCA 过程，一般称之为"生命周期"。数字化流程管理是对上述生命周期全过程的管理，因为这样才会形成一个完整的"数字孪生"闭环。全生命周期回答了数字化流程管理的第四个命题，即"管多宽"为管理设计、执行、治理、优化的全生命周期。

综上可以给出"数字化流程管理"的完整定义：**在数字化平台上，基于治理体系模型对管理体系模型的设计、执行、治理和优化各阶段进行全生命周期的管理。**

1.2 数字孪生：流程管理数字化转型的关键技术

一提起"数字化流程管理"，最先被想到的往往是人工智能、大数据、云计算、区块链等这些热得发烫的词。毋庸置疑，这些都是先进且重要的数字化技术。不过，"数字孪生（Digital Twin）"才是构建数字化流程管理体系的关键技术。

所谓"数字孪生"，就是针对现实世界中的实体对象，在数字化虚拟世界中构建完全一致的对应模型，然后通过各种信息技术获取实体对象的实际运行数据并回传到数字化模型中，让虚拟模型也同步动起来，实现孪生模型的仿真运行，进而对

第 1 章
数字化时代的流程管理

实体对象实现数字化监控和优化分析。"数字孪生"技术最先被应用到企业数字化智能制造体系的构建中，现在正迅速扩展到企业管理体系的数字化转型中。

以一家机械设备制造企业为例，"数字孪生"技术在其数字化智能制造体系中的应用场景是这样的。

- 数字化设计：采用建模技术（比如 CAD 软件）设计产品的数字化原型，并以多维可视的方式展示出来。同时，可对产品的数字化原型进行模拟和仿真分析。
- 数字化生产：采集并记录构成这台设备的所有零部件和组件编号以及在采购、生产、组装过程中产生的各类数据，并在虚拟世界中同步构建一台对应的孪生设备。
- 数字化监控：当某一实体设备被用户购买并投入使用后，通过智能传感等物联网技术，实时获取该设备的运行数据，并与孪生设备相联接，使得这台孪生设备也动起来。设备使用者可以基于孪生设备实时监控和分析设备运行状态，需要时可以实时干预实体设备的运行，实现最佳的运行效果。同时，设备维护者可以基于孪生设备构建此设备的健康指标体系，并用大数据、人工智能等技术实现趋势预测，并对维修策略以及备件的管理策略进行优化。
- 数字化优化：通过采集到的实体设备运行数据，分析客户对产品及其性能的需求，更及时地发现潜在的问题，更精确地把握客户的实际需求，为产品的进一步优化和新产品的研发提供决策依据。

以上是从技术层面描述的数字化智能制造体系中的"数字孪生"闭环，其中涉及的数据安全和伦理问题，这里就不做讨论了。

还是以上面提到的这家机械设备制造企业为例，"数字孪生"技术在其数字化智能流程管理体系的构建过程中有着类似的应用场景。

- 数字化设计：采用数字化建模技术构建以流程模型为纽带的企业一体化管理体系模型，并以多维可视的方式展示出来。同时，对虚拟的流程模型可以进行结构性优化分析和仿真运行。
- 数字化执行：借助"模型至执行（M2E）"技术，将数字化的流程模型转化为可落地运行的信息化执行系统，让业务流程跑起来。或者，采集落地执行系统中的模块、子模块、组件、操作代码、操作链接等信息并与数字化的流程模型实现对接。总之，应实现数字化模型和实际运行系统之间的对接，构建"数字孪生"闭环。
- 数字化治理：利用大数据和流程还原技术，获取流程的实际运行数据，并与虚拟的流程孪生模型相联接，使得流程孪生模型也动起来。企业管理者可以基于流程孪生模型实时监控和分析流程运行状态，需要时可以干预实际运行的流程，实现流程最佳的运行效果。同时，企业管理者还可以基于孪生流程构建业务流程的健康指标体系，应用大数据、云计算、人工智能等技术，实现流程体系的趋势预测和实时优化分析。
- 数字化优化：基于实际运行数据，利用流程还原、大数据、人工智能等技术手段，分析流程整体运行效果，更及时地发现潜在的问题，更精确地把握内外部客户的实际感受，为企业流程体系的进一步优化提供决策依据。

总之，"数字孪生"是构建企业数字化管理体系的关键技术，无论是生产制造体系还是流程管理体系，没有孪生模型对实体对象的精确描述和孪生运行，也就没有了数字化管理的基础。

1.3 能力架构：从战略到落地的关键节点

"赋能"是企业数字化转型大潮中涌现的诸多热门词汇之一。确实，流程数字化转型的根本目的就是赋予企业更强的运营和竞争能力。

EBPM方法论认为，从构建管理体系模型的角度来看，企业赋能包含两个关键环节：其一是理清楚企业应该具备哪些能力，即"赋什么能"；其二是企业如何具备这些能力，即"如何赋能"。

那么，企业如何知道自身应该具备哪些能力？企业又可以通过哪些途径进行赋能？如图1-2所示，EBPM方法论认为，企业需要具备哪些能力，取决于其战略目标

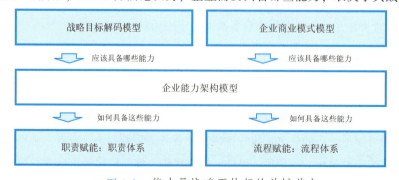

- 图1-2 能力是战略至执行的关键节点

第1章 数字化时代的流程管理

和商业模式。企业赋能的途径主要有两条，一是通过职责体系赋能，二是通过流程体系赋能。而<企业能力架构模型>则处于承上启下的关键位置。

<战略目标解码模型>主要描述企业的愿景、使命和战略目标，然后通过分析找出企业达成战略目标的关键成功因素及相应的关键绩效指标，并且制定相应的关键举措。

<企业商业模式模型>描述企业创造价值、传递价值、获取价值的基本原理。

那么，如何通过分析、拆解和对接<战略目标解码模型><企业商业模式模型>来梳理企业应该具备哪些能力？EBPM方法论认为，<战略能力分解矩阵>是一种科学和有效的方法。

如图1-3所示，企业的<一级能力项>是通过承接<企业商业模式模型><战略目标解码模型>而来的，<二级能力项>则是通过PDCA四个阶段将<一级能力项>进行细分拆解而得。通过<战略能力分解矩阵>可以回答企业应该具备哪些能力这个问题。

● 图1-3 从战略模型到能力架构

在<战略能力分解矩阵>的基础上，利用图1-4所示的<职责选择矩阵>，针对每一个<二级能力项>，通过事项细分的方法可以解析出<三级能力项>（一般就是末级能力项），<三级能力项>就是<职责选择矩阵>的纵坐标。针对每个<三级能力项>，基于"业务场景"横向展开可以得到<职责项>。当企业将<职责项>赋予组织中的某个"岗位"或"角色"时，便通过能力-职责-组织或角色-人这条途径实现了赋能。

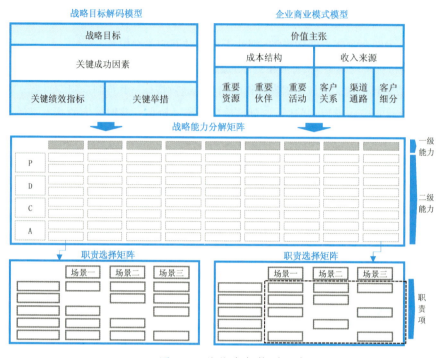

● 图 1-4 从能力架构到职责

在<战略能力分解矩阵>的基础上，针对每一个<二级能力项>，通过图 1-5 所示的

● 图 1-5 从能力架构到职能流程

<流程选择矩阵>可以得到职能流程清单。基于职能流程清单将流程图构建完成后，相当于将一个具体的能力事项分解为一组关联的业务活动，并落实到了人或系统，从而通过能力-流程-角色-人或系统这一途径实现了"赋能"。

本书将以博阳家居为例，详尽说明如何打通上述两条从战略到落地的赋能途径，以及构建相应的数字化管理体系。

1.4 本书行文的特别说明

1.4.1 关于 EBPM 方法论

本书行文中经常提到"EBPM 方法论"。EBPM 方法论是上海博阳精讯信息科技有限公司（以下简称"博阳精讯"）在多年理论研究和实践经验基础上提出的一套"基于管理要素构建企业管理体系"的方法。EBPM 是英文 Element-Based Process Management 的首字母缩写，意为"基于要素的流程管理"。

EBPM 方法论论述的是以业务流程为核心和纽带，完整构建一套企业管理体系的方法。由于这套方法论可以有效地助力企业构建一套卓越的管理体系，所以 EBPM 方法论有时也被称为"卓越业务流程管理（Excellent Business Process Management）方法论"。

1.4.2 关于博阳家居

为了更好地阐述 EBPM 方法论的实践方法，本书虚拟了"博阳家居"这样一家生产衣柜的家具公司。博阳家居构建数字化流程管理体系的过程是贯穿本书所有章节的一个案例。

1.4.3 关于标点符号的特别约定

由于 EBPM 方法论涉及大量管理要素和管理模型。为了在文字中突出这些要素和模型，以便于阅读和理解，本书对双引号和单书名号有特别的运用（双引号的常规应用语境也会使用双引号，不会影响阅读）。以职能流程为例：

- "职能流程"强调其为管理要素。
- <职能流程>强调其为模型对象。

第 2 章 战略建模：用数字化模型解码战略

2.1 企业商业模式模型

2.1.1 商业模式画布

EBPM 方法论推荐采用<商业模式画布（Business Model Canvas）>来构建<企业商业模式模型>。<商业模式画布>由客户细分、渠道通路、客户关系、价值主张、收入来源、重要活动、重要资源、重要伙伴、成本结构这九个维度构成，如图 2-1 所示。关于<商业模式画布>的更多内容，请参考相关书籍。

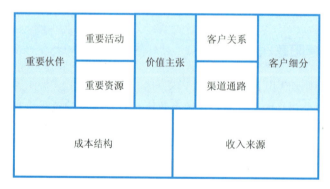

● 图 2-1 九个维度的<商业模式画布>模型

图 2-2 所示为博阳家居<企业商业模式模型>。基于<企业商业模式模型>来解析能力、职责和流程架构时，需要构建几个 EBPM 方法论特有的<企业商业模式对接模型>，其中，<EBPM 市场分析矩阵>就是后续构建"端到端流程架构"时需要用到的一个对接模型。

- 图 2-2 博阳家居<企业商业模式模型>

2.1.2 EBPM 市场分析矩阵

<EBPM 市场分析矩阵>由<企业商业模式模型>中的<客户细分><渠道通路><重要活动>三个维度自上而下构成，如图 2-3 所示。

- 图 2-3 博阳家居<EBPM 市场分析矩阵>

1. 客户细分

在<企业商业模式模型>中进行<客户细分>时，细分的原则可能是以下几项中的一项或几项。

- 需要提供明显不同的产品或服务来满足客户群体的需求。
- 客户群体需要通过不同的渠道通路来接触。
- 客户群体需要不同类型的关系。

- 客户群体的盈利能力或收入水平有本质区别。
- 客户群体愿意为提供的产品或服务支付不同的费用。

<客户细分>构建如下。

（1）<EBPM 市场分析矩阵>第一层：三大市场选择

明确面向的客户群体是以下三种中的哪些：大众消费者（2C）、商业企业（2B）、政府机构（2G）。一般就是在这三者中明确本企业的商业模式中含有几种情况。

（2）<EBPM 市场分析矩阵>第二层：地域或区域细分

即针对上述三大市场，本商业模式中企业当前拟进入的地域。此时，下述原则很重要，即：

一个细分市场之所以存在，是因为需要提供明显不同的产品和服务来满足此细分市场中客户群体的需求。

因此，对于大众消费市场，博阳家居之所以划分出欧美和国内两个细分市场，是因为欧美和国内两个市场中需要的产品和服务有明显不同，而博阳家居也准备提供明显不同的产品和服务。

欧美市场之所以是一个细分市场而不是拆分为美国市场、欧洲市场，是因为博阳家居认为这两个地域的消费者所需要的产品和服务没有明显的区别，而且博阳家居也不准备提供有明显区别的产品和服务。所以，本矩阵市场细分中的第二层，绝对不是基于销售管理中的地域或区域来进行划分的。比如，销售管理中如果将国内市场分为华东、华北、西南三个大区，各大区都设有销售团队和销售总经理，但在市场细分第二层中，不应体现这三个大区，因为对于这三个大区博阳家居**不会**提供有明显不同的产品和服务，这三个大区只是一种销售管理的形式。反之，如果针对这三个大区博阳家居**会**提供有明显不同的产品和服务，则这三个大区应体现在市场细分矩阵的第二层，不管在销售管理体系中有没有设置这三个大区。

（3）<EBPM 市场分析矩阵>第三层：再次细分客户群体

视需要再次细分和明确所针对的客户群体，一般这也是末级细分了。当然，这一级也可以不再细分和明确。本案例中，博阳家居对于大众消费这个类别的市场就没有再进行细分和明确，而对于企业市场（2B）则再次细分如下。

- 房产开发商：博阳家居作为总承包商提供所有硬装和软装服务。由于博阳家居只生产衣柜，所以还需要整合别的资源来向开发商这个客户群体提供完整的房屋精装修解决方案。
- 房产承包商：作为专门提供衣柜解决方案的供应商，向总承包商提供精装房

第 2 章
战略建模：用数字化模型解码战略

中衣柜部分的相关产品和服务。

同样，企业市场（2B）之所以区分出两个细分市场，是因为这两个市场需要明显不同的产品或服务。

综上所述，博阳家居将企业的市场细分为以下四个。
- 欧美消费市场。
- 国内消费市场。
- 国内房产开发商市场。
- 国内房产承包商市场。

2. 渠道通路

渠道通路主要包括以下几种。
- 销售团队：通过企业的销售团队进行销售。
- 电商：通过电商平台进行在线销售，这里的电商平台包括企业自建和第三方两类。
- 实体零售：通过实体零售店进行销售，同样实体零售店也包括企业自有的和合作伙伴的。
- 中间商伙伴：通过居于企业和客户中间的合作伙伴进行销售，比如批发商、经销商、集成商、咨询公司等。

一个细分市场可以有一种或多种渠道通路，如果有多个则应在<EBPM 市场分析矩阵>中纵向划分出多个对应的泳道来。

3. 重要活动

<重要活动>是指面向客户的直接交付类活动，通常就是以下三种交付类型。
- 交付产品：就博阳家居而言，就是指交付成型的标准化产品。比如生产了 5 种款式、10 种颜色、20 种不同尺寸的衣柜，客户只能在这些产品中进行选择。注意，在<EBPM 市场分析矩阵>中不是列出真正的产品清单，而仅是在<标准产品>和<定制产品>这两个类别中明确在企业的商业模式中提供一种还是两种。
- 交付服务：这里需要明确，在企业的商业模式中会提供哪些与交付直接相关的服务。就博阳家居而言，提供<物流服务>（即送货上门）和<安装服务>（即组装衣柜的服务）。
- 交付项目：这里指整体上以项目的形式进行交付，<交付项目>自然包含了交付产品和服务。所以，选择<交付项目>后，在<细分市场-渠道通路>这一纵向泳道中就不要再重复选择交付哪些产品和服务了。

上述三个维度梳理完毕后，就完成了图2-3所示的<EBPM市场分析矩阵>。注意：同一渠道通路内如果有标准产品、定制产品这两类产品，则应构建两个纵向泳道。

如图2-4所示，如果博阳家居增强了商业模式，准备面向国内大众消费市场提供定制化衣柜，且通过电商平台销售。那么，就应在<国内大众消费-电商>这个泳道内再建一个纵向泳道，因为定制化的产品和标准化的产品一定会需要不同的产品和服务。在本案例中，博阳家居如果面向国内大众消费市场提供定制化衣柜，就还需要额外提供上门测量和个性化设计的服务。当然，本案例中，博阳家居认为这样做盈利性不太好，所以暂时不提供这一服务，<EBPM市场分析矩阵>仍为图2-5所示。

客户细分			消费市场（2C）				企业市场（2B）	
			欧美市场	国内市场			国内市场	
			大众消费	大众消费			房产开发商	房产承包商
渠道通路			电商	电商		实体零售	销售团队	销售团队
			亚马逊	京东/天猫		直营/加盟		
重要活动	提供产品	标准产品	✓	✓		✓		
		定制产品			✓		✓	✓
	提供服务	交付服务	物流服务	✓	✓	✓	✓	
			测量服务			✓		
			设计服务					
			安装服务		✓	✓		
	交付项目	交付项目					✓	✓

- 图2-4 国内大众消费市场提供定制时增加泳道

如图2-5所示，至此博阳家居构建了四个"细分市场"，五个"细分赛道"。
- 欧美大众消费市场电商平台。
- 国内大众消费市场电商平台。
- 国内大众消费市场实体零售。
- 国内企业市场房产开发商销售。
- 国内企业市场房产承包商销售。

客户细分			消费市场（2C）		企业市场（2B）	
			欧美市场	国内市场	国内市场	
			大众消费	大众消费	房产开发商	房产承包商
渠道通路			电商	电商	实体零售	销售团队	销售团队
			亚马逊	京东/天猫	直营/加盟		
重要活动	提供产品	标准产品	✓	✓	✓		
		定制产品				✓	✓
	提供服务	交付服务	物流服务	✓	✓	✓		
			安装服务		✓	✓		
		交付项目	交付项目				✓	✓

● 图 2-5 博阳家居最终<EBPM 市场分析矩阵>

事实上，<EBPM 市场分析矩阵>中的赛道是从企业运营角度得到的最终细分市场。博阳家居将与竞争对手在这五条赛道中竞争，力争抢得更多的市场份额。

本书 3.1.2 节第 3 部分中介绍端到端流程架构的构建方法时，会用到此<EBPM 市场分析矩阵>。

2.2 业务能力架构模型

"业务能力"是企业通过投入和整合资源完成某个业务事项，输出具体的业务成果，达成具体的业务或管理目标的组织机能。企业应该具备哪些能力，与企业的战略目标和商业模式密切相关。

2.2.1 梳理<一级能力项>

如图 1-3 所示，可以通过<战略能力分解矩阵>对接<战略目标解码模型><企业商业模式模型>两大模型来梳理企业的一、二级能力架构。下面先介绍一下对接<企业商业模式模型>的具体逻辑和方法。

如图 2-6 所示，第一步是将标准的<企业商业模式模型>转换成<EBPM商业模式变体模型>，这个转换只是重新布局了九个构造块的位置,将<客户细分><渠道通路><客户关系><重要活动><重要资源><重要伙伴>这六个维度放到最下方，因为这六个维度是往下梳理<能力架构>的主要对接点。

由于<客户细分><渠道通路><客户关系>这三个维度决定了商业模式的<收入来

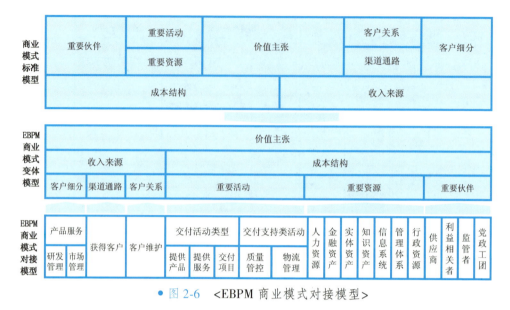

• 图 2-6 <EBPM 商业模式对接模型>

源>，所以将<收入来源>放在它们的上方。

确定<重要活动><重要资源><重要伙伴>后，商业模式的<成本结构>也就可以确定了，所以将<成本结构>放在三者的上方。

<价值主张>虽然是面向<客户细分>的，但对接了企业的整体价值链，所以放在最上方。

第二步，如图 2-6 第三层所示，EBPM 方法论提出了<EBPM 商业模式对接模型>，其中罗列了<一级能力>对接项。管理者需要针对<企业商业模式模型>中的六个维度来进行对接和取舍。

（1）客户细分

这个维度在<企业商业模式模型>中用来分析企业的细分市场和目标客户，以及针对这些目标客户拟提供的产品或服务是什么。因此，<产品/服务研发>能力一般来说都是企业必须具备的能力，即使是一家代加工的企业，也需要针对客户需求，与时俱进地研发新的代加工服务。当然，<EBPM 商业模式对接模型>中的任何一个能力对接项，如果管理者认为确实不需要，就可以去掉。

（2）渠道通路

这个维度在<企业商业模式模型>中用来说明企业获得客户的方式和途径，因此本质上就是企业应具备<获得客户>的能力，而这个能力是通过规划的<渠道通路>来实现的。这项能力，一般来说企业都是需要的，而且对企业的生存来说至关重要。

(3)客户关系

这个维度在<企业商业模式模型>中用来说明企业如何维护好与已有客户之间的关系,消除已有客户的不满,实现已有客户的追加购买或再次购买。能力对接项即<客户维护>能力,这项能力体现为提高客户的售后满意度和促成客户的再次购买,即增加客户黏性的能力。

(4)重要活动

这个维度在<企业商业模式模型>中主要描述与产品和服务交付直接相关的活动以及提供支持的活动有哪些,这也是构成企业价值流的主要活动。在<EBPM 商业模式对接模型>中,将<重要活动>的能力对接项分为两大类。

一类是与产品服务交付类型对接的能力项,细分为<提供产品>(指生产产品)、<提供服务><交付项目>的能力。其中,<交付项目>能力决定了项目管理是作为一级能力出现在能力架构中,还是作为二级能力出现在其他一级能力中。面向客户的交付中有基于项目进行交付的(比如工程建设、设备安装调试等),则项目管理应作为一级能力出现在能力架构中;如果企业面向客户没有基于项目进行交付的,那么项目管理就不应作为一级能力出现在能力架构中。另外,如果没有<提供服务>类型的交付,这一能力对接项也应去掉。还有,类似零售业的行业,一手交钱一手交货,整个交付过程很简单,所以<提供产品><提供服务><交付项目>这三项都没有,这也是可能的。

另一类是与交付支持类活动对接的能力项,主要包括质量管控、物流管理等。

(5)重要资源

这个维度在<企业商业模式模型>中用来描述为了让商业模式有效运作,企业应具备的主要要素和资产。在<EBPM 商业模式对接模型>中将<重要资源>分为以下几类。

- 人力资源:任何企业都需要人力资源,但不同的商业模式需要的人力资源类型是不同的。
- 金融资产:资金是企业运转的血液,是不可缺少的。
- 实体资产:包括生产设备、不动产、销售网络、基础设施等。
- 知识资产:包括经验总结、专有知识、专利和版权等。
- 信息系统:在数字化时代,信息系统已越来越成为企业重要的,甚至是核心的资产。
- 管理体系:管理体系也是企业重要的资产。比如,现在很多企业已将流程管理体系作为资产对待,称为流程资产。

- 行政资源：这也是企业得以有效运营的重要资产。

对于上述七大资源，管理者需要针对现有的商业模式来进行取舍，是全部作为重要资源对待，还是选取部分。作为重要资源对待的，则须构建相应的获取资源和管理资源的能力。

（6）重要伙伴

这个维度在<企业商业模式模型>中用来描述让商业模式有效运作所需的供应商与合作伙伴。在<EBPM 商业模式对接模型>中将这些伙伴分为供应商、利益相关者、监管者和党政工团等对接项，针对每一个对接项，企业都应构建相应的管理能力。

另外，如图 2-7 所示，对于<战略目标解码模型>，EBPM 方法论也提出了对接模型，主要包括<战略管理><文化建设><组织治理><经营管理>这四个能力对接项。

综上所述，这四个能力对接项加上通过对接商业模式所得到的能力对接项，共同构成了企业的<一级能力项>。

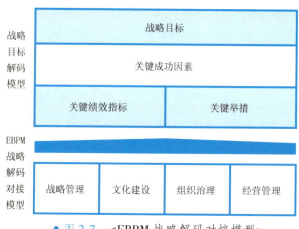

- 图 2-7　<EBPM 战略解码对接模型>

需要特别指出的是，对接模型中的对接项如果有细分，比如重要的<实体资产>细分为<设备>和<基础设施>两项，那么对应的<一级能力项>也应有两项，分别是<设备管理>和<基础设施管理>。如果<基础设施>在企业的商业模式中并不是重要的资产，那么<基础设施管理>就不应作为一级能力出现在能力架构中。

如图 2-8 所示，通过对接<战略目标解码模型><企业商业模式模型>两大模型，可以得到<战略能力分解矩阵>的横向坐标，即<企业一级能力>。针对每个<一级能力项>从 PDCA 四个阶段进行纵向细分，即可以得到<二级能力项>，从而完成<战略能力分解矩阵>的构建。

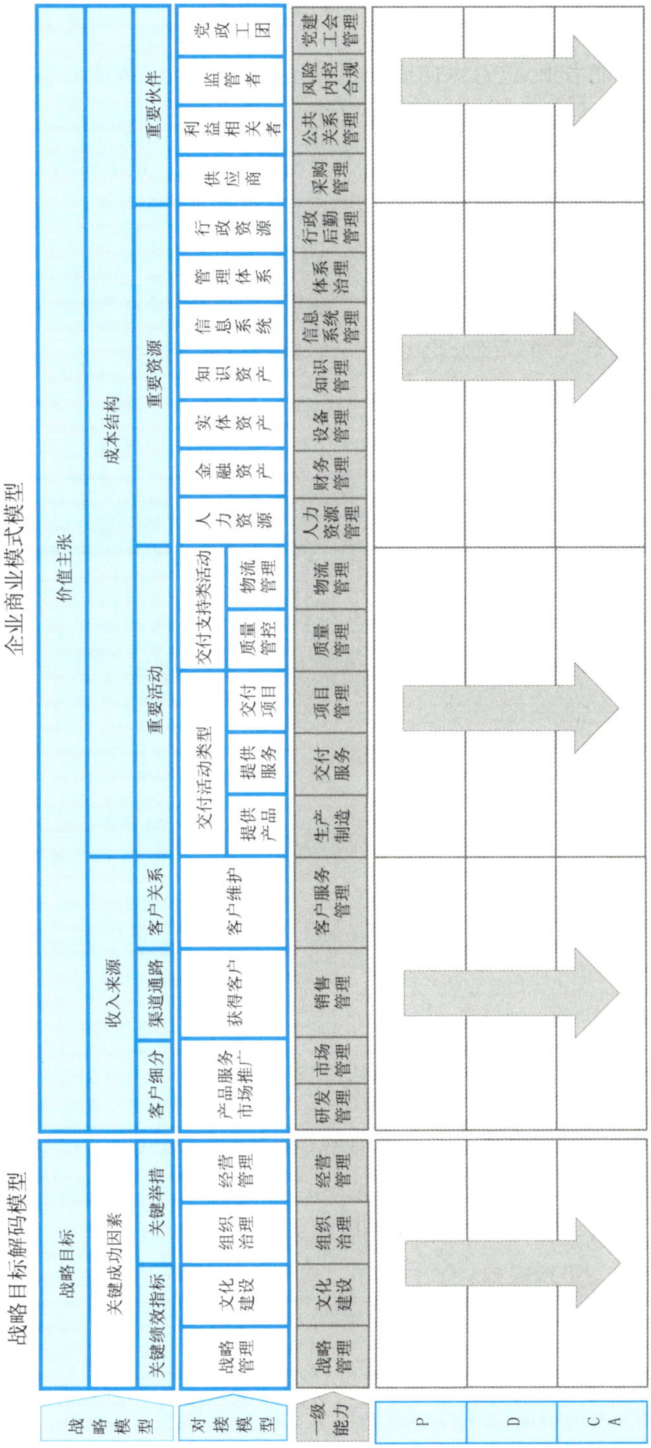

战略目标解码模型
企业商业模式模型
战略模型
战略目标
关键成功因素
关键绩效指标
关键举措
价值主张
收入来源
成本结构
客户细分
渠道通路
客户关系
重要活动
重要资源
重要伙伴
对接模型
战略管理
文化建设
组织治理
经营管理
产品服务市场推广
获得客户
客户维护
交付活动类型
交付支持类活动
提供产品
提供服务
交付项目
质量管控
物流管理
人力资源
金融资产
实体资产
知识资产
信息系统
管理体系
行政资源
供应商
利益相关者
监管者
党政工团
一级能力
战略管理
文化建设
组织治理
经营管理
研发管理
市场管理
销售管理
客户服务管理
生产制造
交付服务
项目管理
质量管理
物流管理
人力资源管理
财务管理
设备管理
知识管理
信息系统管理
体系治理
行政后勤管理
采购管理
公共关系管理
风险内控合规
党建工会管理
P
D
C A

● 图 2-8 <战略能力分解矩阵>

2.2.2 从<一级能力项>到<二级能力项>

如何基于<一级能力项>进行纵向展开和细分进而得到<二级能力项>？此时，可以参考各专业领域的主流管理理论和阶段划分。你会发现，不管什么领域的主流理论和阶段划分方法，都基本遵从 PDCA 或生命周期的逻辑。EBPM 方法论在大量实践经验的基础上，结合主流的管理理论，针对每一个<一级能力项>提出了<EBPM二级能力细分模型>。

如图 2-9 所示，<研发管理>的<EBPM 二级能力细分模型>，就是基于 IPD 的理念和实践提出的，总体上可以细分出七个<二级能力项>。

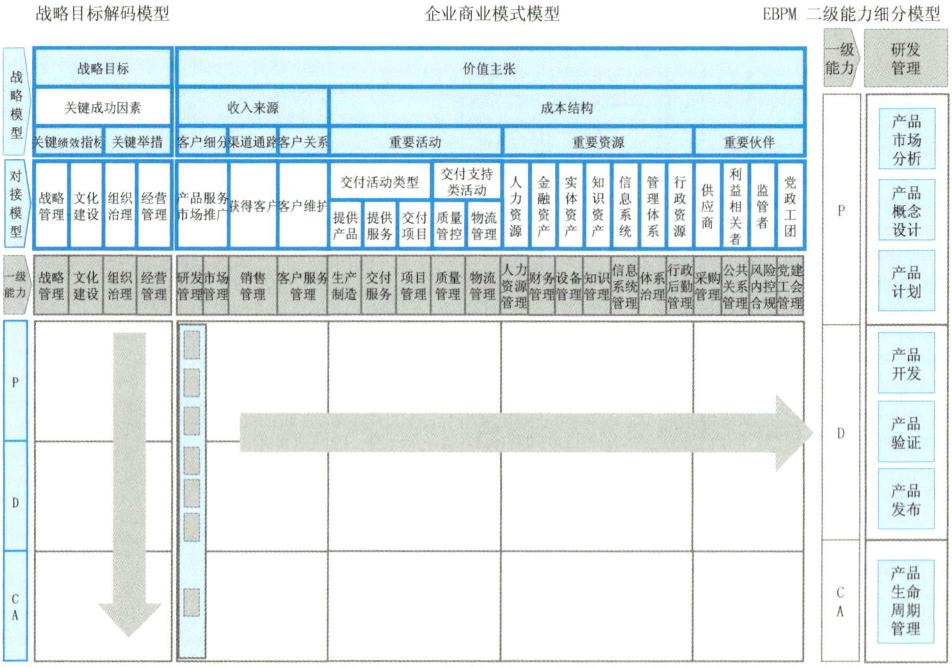

● 图 2-9 <EBPM 二级能力细分模型：研发管理>

- P 计划阶段：<产品市场分析><产品概念设计><产品计划>三项二级能力。
- D 执行阶段：<产品开发><产品验证><产品发布>三项二级能力。
- CA 检查处理阶段：<产品生命周期管理>一项二级能力。

如图 2-10 所示，<采购管理>的<EBPM 二级能力细分模型>也包含七个<二级能力项>。

- P 计划阶段：<采购寻源><供应商管理><采购需求与计划管理>三项二级能力。
- D 执行阶段：<采购执行管理><合同订单管理><采购异常管理>三项二级能力。

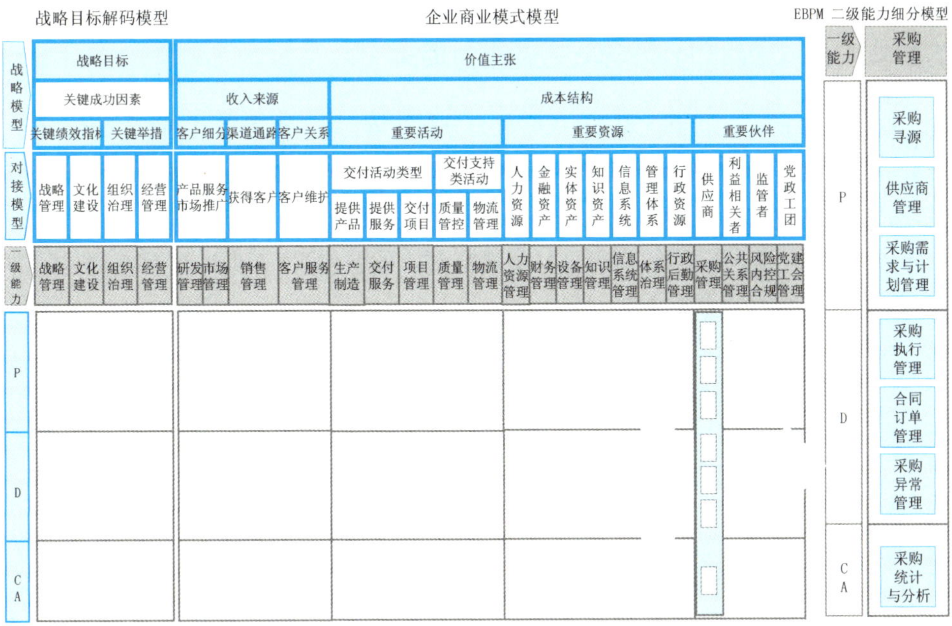

第 2 章
战略建模：用数字化模型解码战略

• 图 2-10 <EBPM 二级能力细分模型：采购管理>

• **CA 检查处理阶段**：<采购统计与分析>一项二级能力。

如图 2-11 所示，每一个<一级能力项>都完成了纵向展开和细分后，就可以得到这样一张企业的<战略能力分解矩阵>总图。通过这张总图，企业应具备的一级和二级能力一目了然，为后续基于模型进行落地赋能、监控和优化打下了坚实的基础。同时，每一个<一级能力项>的来源以及与商业模式的关系，也梳理得清清楚楚，为管理者优化和调整商业模型、能力架构，以及二者间的匹配关系，提供了一个科学和高效的工具。

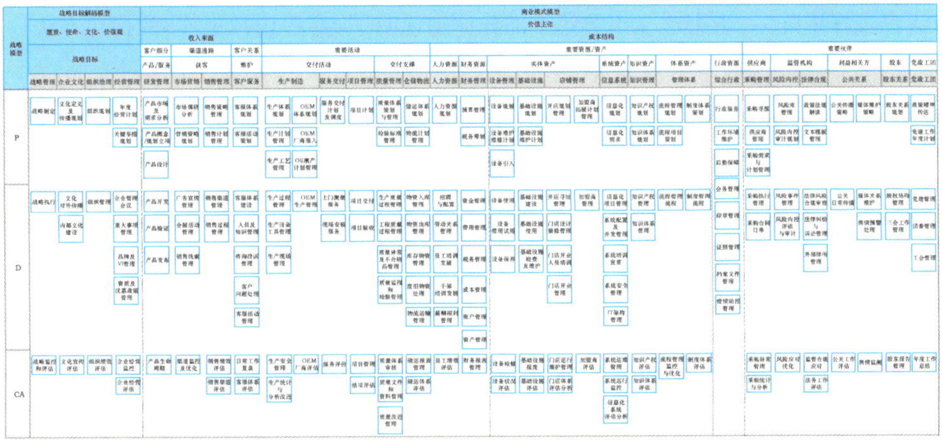

• 图 2-11 <战略能力分解矩阵>（大图见插页）

2.2.3 从<二级能力项>至<三级能力项>

如图 2-12 所示，得到完整的<战略能力分解矩阵>后，距离完成<能力架构>还缺最后一步，就是分解<三级能力项>。这项工作是与职能流程和职责条款的梳理紧密结合的，对应的模型是<流程选择矩阵>和<职责选择矩阵>，这两个矩阵的纵坐标是一样的，就是<三级能力项>，横坐标虽然都是"业务场景"，但职责和职能流程细分的"业务场景"可能会有所不同。

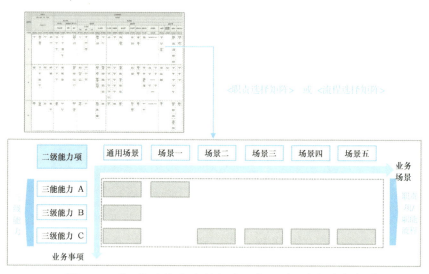

● 图 2-12 从<战略能力分解矩阵>到<职责/流程选择矩阵>

图 2-13 所示为博阳家居<二级能力项：质量异常及不合格品处理>往下展开的<流程选择矩阵>。本书 3.1.1 节第 1 部分详细说明了<流程选择矩阵>的构建方法。

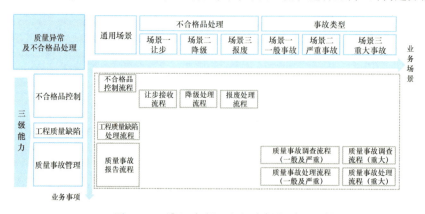

● 图 2-13 博阳家居<流程选择矩阵>示例

图 2-14 所示为博阳家居<二级能力项：质量异常及不合格品处理>往下展开的<职责选择矩阵>。本书 3.2.1 节第 1 部分详细说明了<职责选择矩阵>的构建方法。

- 图 2-14　博阳家居<职责选择矩阵>示例

可以这么说，<能力架构>主要取决于企业的商业模式，商业模式越接近，企业的<能力架构>就越相似。而从<职责选择矩阵>和<流程选择矩阵>的横坐标即"业务场景"细分开始，就与企业的管理细度相关了。这就是商业模式很相似的企业，其职责体系或职能流程体系也可能会有较大不同的原因所在。

完成<职责选择矩阵>或<流程选择矩阵>的纵坐标后，就相应完成了企业<能力架构>中一~三级能力项的梳理和构建。

2.3　战略目标解码模型

如前所述，对接<战略目标解码模型>和<企业商业模式模型>可以得到<战略能力分解矩阵>，该矩阵中展示了企业所有的一级和二级能力项，是企业应具备能力的全集，如图 2-15 所示。

- 图 2-15　<战略能力分解矩阵>示意图

那么，这些能力中哪些是关键能力项？关键能力项可以通过<战略目标解码模型>来识别。

2.3.1 <战略目标解码模型>的构建方法

图 2-16 所示为<战略目标解码模型>的逻辑图，该模型主要由以下几个部分构成。

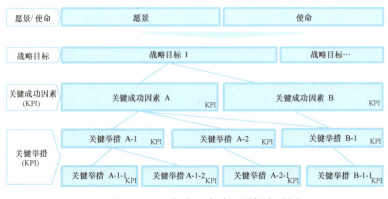

● 图 2-16 <战略目标解码模型>局部

- **愿景**：描述了企业未来期望达到的状态，即企业想要成为什么样的主体。
- **使命**：从顶层描述企业的长期业务活动，即什么是企业设想的最主要业务活动。"使命"将"愿景"变得可操作化。
- **战略目标**：从广义上定义的企业要达成的目标，是企业预期取得的主要成果。
- **关键成功因素**：对企业达成战略目标起关键作用的因素。解析出的每一项<关键成功因素>都必须设定可衡量的绩效指标，即<关键成功因素>是否成功以绩效指标为准。
- **关键举措**：一般以年度为单位，识别针对每一项<关键成功因素>本企业需要提升和改进的能力。每一项<关键举措>都应是具体、可操作的执行计划。<关键举措>一般分为两级，二级举措是对一级举措的细化，是更为具体的任务。不管是一级举措还是二级举措都必须设定可衡量的绩效指标。由于<关键举措>通常以年为单位制定，所以相当于企业的年度重点工作计划。企业的年度重点工作计划针对战略目标而设定，这也是非常合理的逻辑。

总之，<战略目标>能否达成取决于<关键成功因素>是否达成。<关键成功因素>是较为长期和稳定的，一般为 3~5 年识别一次，很多企业都将其直接对应到五年规划。而<关键举措>是一年一制定、一年一考核的，是可执行和操作的，相当于企业的年度重点工作计划。同时，<关键举措>一定是为了改进和提升企业的某一项能力，而不能是空洞的。<关键举措>往上应可以对接一个或多个<关键成功因素>，往下直接对应到企业的一个或多个<三级能力项>，即<关键举措>在战略目标体系和执行运营体系间起到了承上启下的作用。

2.3.2 <战略目标解码模型>对接<三级能力项>和<职能流程>

如图 2-17 所示，<关键举措>必须是对企业某项能力的改进和提升，因此每一个<二级关键举措>都必须与一个<三级能力项>对接。如果某一项<二级关键举措>找不到对接的<三级能力项>，说明此<关键举措>无法落地，或者企业<能力架构>中的<三级能力项>有缺失。

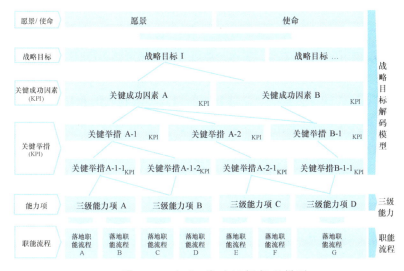

• 图 2-17 企业<战略目标解码模型>

另外，一个<二级关键举措>可以对接多个<三级能力项>，即可以改进或提升多项能力。多个<二级关键举措>也可以同时改进和提升同一个<三级能力项>。即<二级关键举措>和<三级能力项>可以是多对多的关系。

由于通过<流程选择矩阵>，<三级能力项>与一个或多个<职能流程>有对应关系，所以所谓<二级关键举措>对某一个<三级能力项>的改进和提升，其本质是对此<三级能力项>对应的落地职能流程的改进和提升。

2.3.3 博阳家居的<战略目标解码模型>

接下来以博阳家居为例，详细介绍一下如何构建企业的<战略目标解码模型>。

图 2-18 所示为博阳家居<战略目标解码模型>中的愿景、使命和战略目标部分。

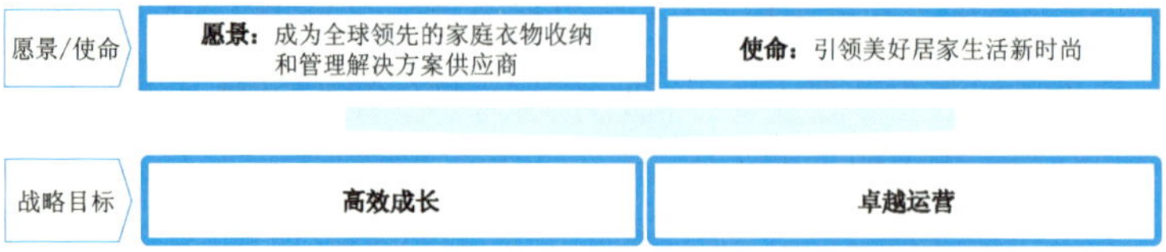

愿景/使命	**愿景**：成为全球领先的家庭衣物收纳和管理解决方案供应商	**使命**：引领美好居家生活新时尚
战略目标	高效成长	卓越运营

● 图 2-18 博阳家居<战略目标解码模型>局部

- **愿景**：成为全球领先的家庭衣物收纳和管理解决方案供应商。博阳家居的核心产品是家用衣柜，但是博阳家居不希望仅停留在提供产品这个定位上，而是要针对家庭衣物收纳和管理中遇到的各种问题提供解决方案。比如，提供可以烘干衣物或者模拟日光照射功能的衣柜等。
- **使命**：引领美好居家生活新时尚。"衣、食、住、行"是人们最主要的日常生活，博阳家居从"衣"切入，通过不断提供家庭衣物收纳和管理的创新解决方案，使得人们的生活更加美好、更为时尚。
- **战略目标**：针对愿景中"全球领先"以及"衣物收纳和管理"这两个关键词，制定了<高效成长>和<卓越运营>两个高度概括性的战略目标。在全球市场中占据足够的份额，并且提供高质量、引领时尚、有影响力的产品和服务，才能算是"全球领先"。

如图 2-19 所示，博阳家居针对<高效成长>和<卓越运营>两大战略目标制定了 10 项关键成功因素。每一项<关键成功因素>都设定了至少一个可以衡量的绩效指标。事实上，<关键成功因素>，特别是其对应的<关键绩效指标>，也是对<高效成长>和<卓越运营>这两大战略目标的具体定义。<关键成功因素>设定的<关键绩效指标>都达成了，<高效成长>和<卓越运营>这两大战略目标也就实现了。

<关键成功因素>再往下展开，就是制定<关键举措>了。每一项<关键成功因素>都必须有促成其达成的举措。前文已经提到过，一般情况下<关键举措>是一年一制定的，相当于企业的年度重点工作计划。<关键举措>一定会补上企业缺失的能力或者提升某项现有的能力。

如图 2-20 所示，以博阳家居<卓越运营>这个<战略目标>往下展开的<商用市场快速交付能力>这个<关键成功因素>为例，来说明一下<关键举措-三级能力-职能流程>间的关系。

第 2 章 战略建模：用数字化模型解码战略

愿景/使命	愿景：成为全球领先的家庭衣物收纳和管理解决方案供应商　　使命：引领美好居家生活新时尚				
战略目标	高效成长			卓越运营	
关键成功因素	国内消费市场头部供应商	国内精装房市场主要供应商	欧洲消费市场主要供应商	美国消费市场主要供应商	消费市场持续高质创新能力 / 商用市场快速优质交付能力 / 持续的高盈利能力 / 构建学习型的组织 / 构建流程型的组织
关键绩效指标	国内消费市场份额>25%	国内精装房市场份额>20%	欧洲消费市场份额>10%	美国消费市场份额>10%	见下

消费市场持续高质创新能力：
- 欧美市场年度上市新品>20款
- 国内市场年度上市新品>40款
- 新品占年度总销售额>30%

商用市场快速优质交付能力：
- 大型楼盘交付周期<10个月
- 中型楼盘交付周期<6个月
- 小型楼盘交付周期<4个月

持续的高盈利能力：
- 年度净利润>15%
- 标准产品成本不高于行业平均水平
- 标准产品行业平均直接成本
- 标准产品公司平均直接成本

构建学习型的组织：
- 人均年度参与培训类活动>1次
- 人均年度贡献知识条目>5项
- 人均年度在线学习时长>20小时

构建流程型的组织：
- 数字化流程对人员工作覆盖率>90%
- 年度核心流程事项完成后滞率<5%
- 年度非核心流程事项完成后滞率<10%

● 图 2-19 〈战略能力分解矩阵〉（一）

● 图 2-20 ＜战略能力分解矩阵＞（二）

　　商用市场即房地产开发的精装房市场。博阳家居管理团队认为如要达成这项＜关键成功因素＞，生产计划的准确率需要提升。现在很多情况下，都是因为生产计划反复调整而导致延期交付的。当然，交付延期的原因不止这一项，所以针对此＜关键成功因素＞的举措可能有多项。这里仅以＜提升生产计划准确率＞这个一级举措为例来展开说明。一级举措往往还不是一个具体的执行计划，通常还需要细化到二级举措，二级举措必须是一个非常具体、可执行的事项。如图 2-20 所示，博阳家居针对＜提升生产计划准确率＞这个一级举措，往下细分出两个非常具体的工作事项。一个是＜实施一套数字化的高级排产系统＞，因为博阳家居现在的生产计划还是靠传统 ERP 系统中的计划功能来完成的，所以博阳家居认为如果要＜提升生产计划准确率＞，引入数字化的高级排产系统是必不可少的；另一个二级举措是＜培训一支高级计划员团队＞，因为只引入工具平台还不行，还要有一支熟练掌握此平台，有能力完成高质量计划工作的团队。

上述二级举措就非常具体并可执行了。接下来，还需要针对所有一级举措和二级举措设定衡量指标。比如：

- 针对<提升生产计划准确率>这个一级举措，设定了月生产计划下达后的调整率<5%、周滚动计划下达后的调整率<2%这两项指标。
- 针对<实施一套数字化高级排产系统>这个二级举措，设定了数字化高级排产系统 12 个月内上线运行这个针对性很强的指标。针对二级举措的指标往往也是企业内此项工作负责部门的年度考核指标。
- 针对<培训一支高级计划员团队>这个二级举措，设定了熟练使用高级排产系统的人员>=10 位这个针对性很强的指标，这类指标往往需要有相应的考核认证机制。所以，本项指标也可以理解为生产部需要有 10 人以上通过数字化高级排产系统原厂商的高级计划员考核认证。

一年一度的<关键举措>制定完毕后，需要将<关键举措>与<三级能力项>对接。如图 2-21 右侧所示，<提升生产计划准确率>这项<关键举措>与二级能力项<生产计划>展开的两个三级能力项<月生产计划编制><周生产计划编制>对接，即所谓<提升生产计划准确率>就是要提升<月生产计划编制><周生产计划编制>这两项三级能力。而这两项三级能力有三条落地的职能流程，因此所谓<提升生产计划准确率>最终就是要提升<月生产计划编制流程><研发试制月生产计划编制流程><周滚动计划编制流程>这三条职能流程输出物的质量。

如图 2-21 右下角所示，还有一类流程，称为<使能流程>，指执行<二级关键举措>的流程，即<二级关键举措>也是通过流程来执行和管理的。比如：

- <实施一套数字化高级排产系统>这个二级举措，应启动<信息系统实施流程>或者<系统实施项目管理流程>。
- <培训一支高级计划员团队>这个二级举措，应启动<人员培训流程>或者<员工资质认证考核流程>。

2.3.4　博阳家居的<关键能力热图>

如图 2-22 所示，因为与企业达成<关键成功因素>进而实现<战略目标>有密切关系，所以与<关键举措>对接的<三级能力项>也是企业亟待强化的关键能力。将这些<三级能力项>所属的<二级能力项>标红，就得到了实现企业战略目标的<关键能力热图>。

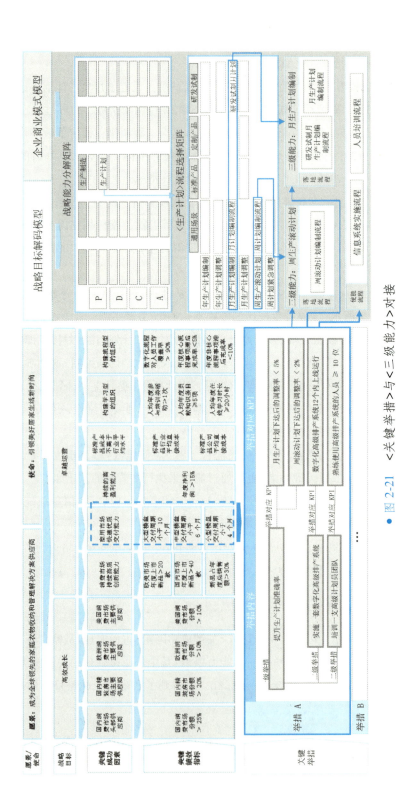

图 2-21 <关键举措>与<三级能力>对接

- 图 2-22　实现战略目标的<关键能力热图>

2.4　企业管控模式模型

数字化时代，企业的管控规则也应纳入数字化管理模型中。前文提到过，通过<战略目标解码模型>可以识别企业的关键能力项，而<企业管控模式模型>是对<能力架构>中的关键管控对象（三级能力项）构建管控逻辑和规则。如图2-23所示，将构建了管控规则的<三级能力项>所属的<二级能力项>标红，就得到了<企业管控能力热图>，这是后续构建企业数字化管控体系的一个重要监控界面。

- 图 2-23　<企业管控能力热图>

2.4.1　管控体系当前面临的问题

随着企业的发展壮大，企业内部的授权管控体系也越来越复杂，管理者常有"不管非常乱，管了还挺乱"的感觉。之所以会有这种感觉，与当前构建管控体系的技术手段关系很大。

图2-24所示的两份文档是现阶段企业构建管控体系最常用的技术手段。一份是

责权管控表

事项 \ 主体		集团 董事长	集团 总裁	集团 分管高管	分子公司 总经理	分子公司 采购主管
1	辅料采购需求及合同审批		批准（专用料；合同价≥10万）	批准（一般料；合同价≥10万） 批准（专用料；合同价＜10万）	批准（一般料；合同价≥5万） 批准（专用料；合同价＜5万）	批准（一般料；合同价＜5万） 批准（专用料；合同价＜5万）
2	原料采购需求及合同审批	批准（≥100万）	批准（50万~100万）	批准（≥50万）	批准（≥10万）	批准（＜10万）
3	设备采购需求及合同审批	批准（进口；合同价≥100万）	批准（国产；合同价≥100万） 批准（进口；合同价≥50万）	批准（国产；合同价≥50万） 批准（进口；合同价≥10万）	批准（国产；合同价≥10万） 批准（进口；合同价≥5万）	批准（国产；合同价＜10万） 批准（进口；合同价＜5万）

流程权限表

授权条件		审核节点及时间要求					
需求类型	金额区分	申请单位分管经理	生产部经理	设备部经理	申请单位总经理	集团总裁	集团董事长
		2H	2H	3H	1H	1.5H	1.5H
进口设备	＜50万元	√		√	√		
	50万~100万元			√	√	√	
	≥100万元			√	√	√	√
国产设备	＜50万元	√	√		√		
	50万~100万元				√	√	
	≥100万元					√	√

● 图 2-24　当前构建管控体系的两张表

《企业责权管控表》，即站在整个企业的角度，梳理需要管控的事项，明确管控的责任主体，并在二者间分配相应的权力和责任；另一份是《流程权限表》，其作用是承接《企业责权管控表》，并在设计的流程中加以落实。《企业责权管控表》中的管控点必须在流程中落实，而流程中还会基于实际情况增加新的管控点，这些都体现在《流程权限表》中。比如，《企业责权管控表》中明确规定设备采购费用超过100万时须由总裁审批，那么在流程中就必须有这样一个审批步骤。同时，在流程中可能还会增加部门经理的审批环节，从而形成一个完整的审批审核链。

那么，上述管控体系的实际运行效果如何？挑战还是很大的，主要体现在以下几个方面。

1. "纸上谈兵"很普遍

这两份表大多是用 Word 或 Excel 编写的，是电子文本。因此，它们之间的对接是靠人工完成的,经常会有不一致的情况出现。《流程权限表》如果没有落实《企业责权管控表》中的要求,那后者就成为"纸上谈兵"了。

《流程权限表》本身还不是实际运行的流程,这份表还需要人工配置到工作流或其他信息化系统中,两者的一致性也很难完全保证。信息化系统中如果没有落实《流程权限表》的要求或者落实错误,那么《流程权限表》也成为"纸上谈兵"了。

经过这两道环节的"纸上谈兵",最后落实在信息化系统中的流程出现偏差的情况就很常见了。

2. 责权告知不清晰

所谓"责权告知",就是让每一位管理者明确知道自己的授权范围。通俗地说,就是通过一张表明确、完整、清晰地告知每个层级的管理者"我有什么权力",包括可以审什么事项以及相应的授权范围。

这很难吗?真的很难!

实际操作中,需要基于《企业责权管控表》和《流程权限表》按每个岗位进行统计,方可出具针对每个岗位的《岗位权限表》。这得靠人工从一张张表中去汇总,《企业责权管控表》和《流程权限表》中的某一行改了,所有相关的《岗位权限表》都需要人工更新。

当然,也可以让管理者自己从一张张的《企业责权管控表》和《流程权限表》中去查阅自己的权限。实际情况是,大家都懒得去看了,反正信息化系统中怎么配的,自己就怎么做,所以才会出现某位副总就某一事项审批了好几个月才发现,这事根本不属于他的管理范围。造成这个乌龙的原因是,管理者并不明晰自己的权责,而且流程配错了。

3. 优化分析很困难

某企业想优化整个管控体系,提出减少10%不必要的管控环节以提升企业效率。那么,企业流程中究竟有多少审批类的管控环节?

为了回答这一问题,可能会把很多人累惨,因为这需要从所有《流程权限表》中去汇总。然后,如何分析?一个审批环节是否有必要存在,这需要站在端到端流程角度去分析,所以需要将《流程权限表》按端到端流程进行梳理和对接,这对很多人来说,几乎就无法操作了。

这些问题有解决方案吗?

有!而且解决之道的关键就是数字化。具体来说,就是构建一套企业管控体系的数字化模型,并基于这套模型进行执行、治理和优化。

2.4.2 <企业管控模式模型>构建方法

企业战略建模主要包括四大模型：<企业商业模式模型>、<战略目标解码模型>、<业务能力架构模型>和<企业管控模式模型>，图 2-25 所示为这四大模型间的相互承接关系。接下来详细说明一下<企业管控模式模型>的构建方法。

<企业管控模式模型>由<管控事项>、<授权主体>和<授权类型>三部分构成。其中，<管控事项>和<授权主体>构成了一个矩阵的纵横两个维度，而矩阵中的交叉点用来描述<授权类型>。换句话说，<企业管控模式模型>是由很多独立的<企业管控模式矩阵>组成的。通常，针对一个<二级能力项>构建一个<企业管控模式矩阵>。

图 2-25 左侧所示<企业管控模式矩阵>中的<管控事项>与右侧<业务能力架构模型>中的<流程选择矩阵>有直接的对应关系，左侧的<管控事项>就对应<流程选择矩阵>纵坐标中的<三级能力项>。需要强调的是，不是<流程选择矩阵>中所有的<三级能力项>都要作为<管控事项>，只有管理者认为需要重点管控的事项才应纳入管控矩阵。

<三级能力项>一般不会直接作为最终的管控对象，因为颗粒度有点粗。所以，通常会用<流程选择矩阵>中的横坐标（即<业务场景>）来细分<管控事项>，在此基础上再通过<授权规则组>进一步细分<管控事项>。这里经过<三级能力项>、<业务场景>和<授权规则组>这一系列的细分，构建了<企业管控模式矩阵>的纵坐标，即末级管控对象。

同样，不是每一个<二级能力项>都要构建一个<企业管控模式矩阵>，只有此<二级能力项>中有需要重点管控的<三级能力项>时，才需要构建一个对应的<企业管控模式矩阵>。

2.4.3 博阳家居的<企业管控模式模型>

下面以博阳家居的<采购需求与计划管理>这个二级能力项为例，用上述的逻辑示范一下如何构建<企业管控模式矩阵>中的<管控事项>、<授权主体>和<授权类型>。

1. 管控事项

首先，如果管理者认为二级能力项<采购需求与计划管理>中的三级能力项<采购需求管理>的管控逻辑需要管起来，那么就应将<采购需求管理>纳入<企业管控模式模型>中。

下一步需要将<流程选择矩阵>中<采购需求管理>横向展开的业务场景作为管控事项的细分条件放在管控事项的第二列。

最后，对于这些细分的管控对象再次用<授权规则组>进行细分，形成最终的<授权对象>。<授权规则组>包含几项授权规则完全取决于管控的需要，如图 2-26 所示，

图 2-25 管控事项与三级能力项的关系

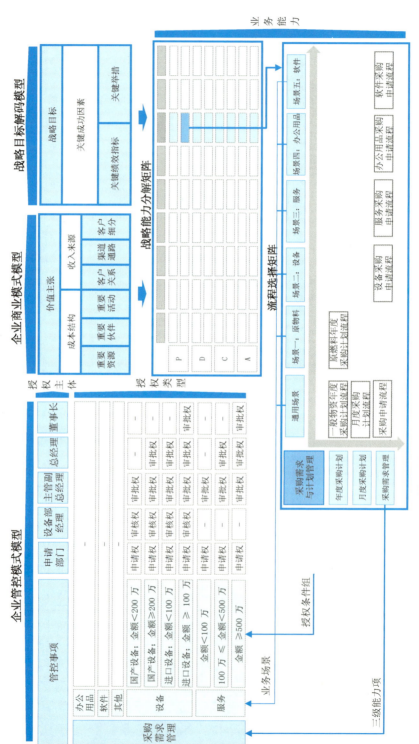

● 图 2-26 博阳家居《企业管控模式模型》示例

<设备>这个场景对象的<授权规则组>包括<国产或进口设备>以及<金额范围>两个授权条件，而<服务>这个场景对象的<授权规则组>则只有<金额范围>一个授权条件。

2. 授权主体

<授权主体>在 EBPM 方法论中又可以理解为<管控级别>，主要用来描述授权的组织对象层级。在图 2-27 所示的<企业管控模式模型>中，<授权主体>分为<申请部门>、<设备部经理>、<主管副总经理>、<总经理>和<董事长>五个<管控级别>，通常按从低到高的顺序，从左到右或者从右到左进行排列。

管控事项			授权主体					
管控事项			申请部门	设备部经理	主管副总经理	总经理	董事长	授权类型
采购需求管理	设备	国产设备；金额<200 万	申请权	审核权	审批权	–	–	
		国产设备；金额≥200 万	申请权	审核权	审批权	审批权	–	
		进口设备；金额<100 万	申请权	审核权	审批权	审批权	–	
		进口设备；金额≥100 万	申请权	审核权	审批权	审批权	审批权	
	服务	金额<100 万	申请权	–	审批权	–	–	
		100 万≤金额<500 万	申请权	–	审批权	审批权	–	
		金额≥500 万	申请权	–	审批权	审批权	审批权	

● 图 2-27 <管控事项>和<授权主体>

如果构建的是集团的管控模式，则只要将<授权主体>分个层级就可以了，如图 2-28 所示。

管控事项			授权主体					
管控事项				分子公司		集团总部		
			申请部门	主管副总	总经理	集团主管副总裁	集团总裁	授权类型
采购需求管理	设备	国产设备；金额<200 万	申请权	审核权	审批权	–	–	
		国产设备；金额≥200 万	申请权	审核权	审批权	审批权	–	
		进口设备；金额<100 万	申请权	审核权	审批权	审批权	–	
		进口设备；金额≥100 万	申请权	审核权	审批权	审批权	审批权	
	服务	金额<100 万	申请权	–	审批权	–	–	
		100 万≤金额<500 万	申请权	–	审批权	审批权	–	
		金额≥500 万	申请权	–	审批权	审批权	审批权	

● 图 2-28 集团管控模式矩阵

3. 授权类型

EBPM 方法论建议将企业的权力按 RACI 分成四类共九种权力，这九种权力又分别与"流程步骤"中的"业务活动"相对应，即每一个"业务活动"可以根据步骤名称中动词的不同对应某一类权力。传统的 RACI 是指对角色的分类，而在 EBPM 方法论中，也用来对企业管理的权力进行分类，确切地说是对"业务活动"中的【业务动词】进行分类。

- R 类权力：执行权、制定权。
- A 类权力：审批权、决策权。
- C 类权力：审核权、建议权、申请权。
- I 类权力：发布权、知情权。

权力的"四九分类法"是 EBPM 方法论建议的分类方法，但并不是说企业必须这样分类，在实际操作过程中，企业完全可以基于自身的管理需求和理解加以调整。

综上所述，<企业管控模式模型>由很多独立的<企业管控模式矩阵>组成，而<企业管控模式矩阵>由<管控事项>、<授权主体>和<授权类型>三部分构成，并且与<企业能力架构模型>有直接的对应关系。

对比一下图 2-23 中的<责权管控表>就可以发现，<企业管控模式矩阵>就是完成了此表的模型化处理。

那么，图 2-23 中的<流程权限表>又该如何构建模型？答案是：在<职能流程图模型>中构建。相关内容在本书 6.5 节中有详细介绍。

第 3 章 战略赋能：基于战略模型赋能企业

3.1 流程赋能：基于战略模型赋能企业的途径之一

3.1.1 职能流程架构

1. <流程选择矩阵>：构建职能流程架构的最后一步

在图 3-1 所示的模型中，<战略能力分解矩阵>中的每一个<二级能力项>都可以往下展开得到一个<流程选择矩阵>。

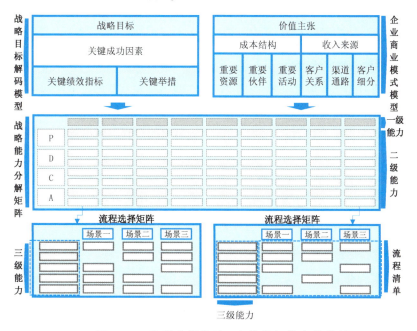

- 图 3-1 <流程选择矩阵>在整体架构中的位置

<流程选择矩阵>的纵向维度决定了<三级能力项>有多少,从而完成了一、二、三级<能力架构>的构建;而横向维度,则决定了每一个<三级能力项>可以解析出多少条<职能流程>。

如图 3-2 所示,<流程选择矩阵>横向维度是以"业务场景"展开的。那么,企业应该有哪些"业务场景"?针对不同的"业务场景"是否一定要有对应的<职能流程>?

答案是:这取决于企业的管理细度。

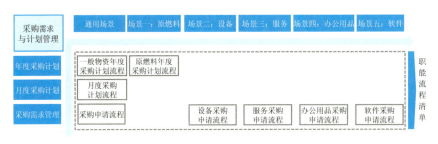

● 图 3-2 <流程选择矩阵>示例一

比如,在图 3-2 所示的<采购需求与计划管理>这个<二级能力项>下展开的<流程选择矩阵>中,就制定<年度采购计划>这个三级能力项而言,如果企业内部仅设计了一条<职能流程>来完成这项工作,这当然是可以的。但是,这就意味着所有采购物资的年度计划走的流程都是一样的,输入的信息是一样的,最终输出的成果也是一样的。也就是说,制定办公用品等后勤物资的年度采购计划和从国际市场采购大宗原燃料的年度采购计划,其投入的资源、制定的过程、输出的成果及制定计划的具体活动都是一样的。

EBPM 方法论认为,"企业能力"是企业通过投入和整合资源完成某个业务事项,输出具体业务成果,达成具体业务或管理目标的组织机能。

所以,不管企业针对<年度采购计划>这个三级能力项,是设计了一条<年度采购计划流程>,还是设计了<一般物资年度采购计划流程>及<原燃料年度采购计划>两条职能流程,只要这些流程在运转且有产出,就可以认为该企业具备了制定<年度采购计划>这项能力。但是,有能力不等于能力强,能力的强弱取决于输出的成果(在这里就是<年度采购计划>)。输出成果的好坏需要从"多、快、好、少、稳"这几个维度进行衡量。

商业模式相似的两家企业,如果一家不管是制定后勤物资还是制定大宗原燃料的年度采购计划,走的都是一样的流程、做的都是一样细度的分析、输出的都是一样的计划表,而另一家企业为<原燃料年度采购计划>配备了不同的资源、做了更多的分析、输出了更为详尽的计划表,那么,这两家企业虽然都具备了制定<年度采购计划>这项能力,但显然后者的能力会更强一点。当然,后者投入的资源也会更多一点,做的工作也更多一点,成本会更高一点。

再以图 3-3 所示的<采购寻源>这个二级能力为例,<流程选择矩阵>中,纵向展开的细分事项有<供应市场及商情分析>、<采购策略>和<采购复盘分析>三个三级能力事项。横向按场景展开时,细分出<大宗原燃料>这一个场景,相对应的也细分出多个职能流程。

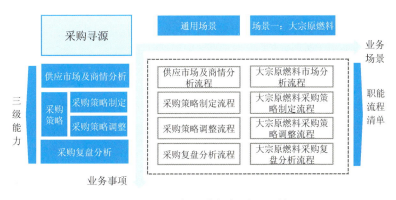

● 图 3-3 <流程选择矩阵>示例二

这个示例中有一个特点,即<采购策略>这个<三级能力项>在横向展开时不管是<通用场景>还是<大宗原燃料>这个场景,都又在纵向拆分出了"制定"和"调整"两个<四级能力项>,这当然是可以的。只不过此时会有一个颗粒度的问题,即究竟哪些末级能力项的颗粒度拆分到什么细度就不应再拆了。由于一个末级能力项应对接至少一个职能流程,所以这个问题也可以转化为职能流程颗粒度的问题,下一节中会专门讨论以输出的"管理记录"作为确定职能流程颗粒度的主要原则,同样这也是末级能力项的切分规则。在此基础上,还有一个辅助的末级能力项切分规则,即切分到可以明确定义开始和结束时间,也就是可以明确定义开始和结束步骤时,就不再往下切分了。注意,这里的"明确"两个字很重要,要能具体定义出开始步骤的名称和结束步骤的名称。

图 3-4 所示为<采购异常处理>这个二级能力的<流程选择矩阵>,纵向展开的细

分事项有<采购异常处理><采购异常统计分析>两个三级能力项。横向按场景展开时，没有细分出特别的场景。因此，每个<三级能力项>都只解析出一条<职能流程>，这当然也是可以的。

• 图 3-4　<流程选择矩阵>示例三

<流程选择矩阵>完成后，<职能流程架构>就全部梳理完毕了，接下来就是如何呈现<职能流程架构>的问题了。

2. <职能流程>颗粒度的确定原则

"显性化"即留下管理痕迹是科学管理的前提，只有留下管理痕迹的业务活动才有可能被管起来。业务活动没有留下任何管理痕迹，并不是此业务活动不存在，而是表明此业务活动没有被管起来。

"业务流程"和"业务流程管理"的区别就在于是否留下了管理痕迹。EBPM方法论是"流程管理"的方法论，通过<流程选择矩阵>横向展开解析<职能流程>的过程时，<职能流程>颗粒度的确定原则是一个无法回避的问题。要回答这个问题，"管理记录"这个要素就必须登场了。

EBPM方法论关于"职能流程"的定义是：输出一套完整"管理记录"的一段事件-活动链，是以完成一项具体的"业务事项"为目标的一系列连贯、有序、留下管理痕迹的"业务活动"的组合。而构建<职能流程图模型>就是将上述定义用流程图的形式展示出来。

图3-5所示的二级能力<采购需求与计划管理>的<流程选择矩阵>中，三级能力项<年度采购计划>通过横向场景展开解析出<一般物资年度采购计划流程>和<原燃料年度采购计划流程>这两条职能流程。那么，为什么这是两条<职能流程>，而不能合并成一条<职能流程>？

因为这两条<职能流程>输出的"管理记录"是不同的，而这正是<职能流程>颗粒度的确定原则。

EBPM方法论认为，<职能流程>颗粒度的确定原则是：<职能流程>必然会输出

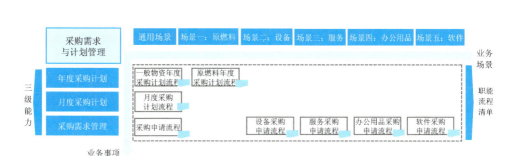

● 图 3-5 流程的颗粒度取决于管理痕迹

一套"管理记录",没有"管理记录"的<职能流程>不属于流程管理讨论的范围;而不同的<职能流程>一定输出不同的"管理记录",相同的<职能流程>一定输出相同的"管理记录"。

之所以切分出<一般物资年度采购计划流程>和<原燃料年度采购计划流程>两条<职能流程>,是因为它们输出的"管理记录"不同。如果"管理记录"是纸质或电子表单(如 Excel 表),则其格式和内容不同;如果"管理记录"是系统界面,则界面的样式和内容是不同的。反之,如果"管理记录"完全一样,则应合并为一条<职能流程>。本案例中,原燃料年度采购计划的内容和要求与一般物资是有很大区别的。

通常,<一般物资年度采购计划流程>和<原燃料年度采购计划流程>这两条职能流程的路径很可能是不一样的。但是,如果假设这两条<职能流程>的路径与图 3-6 所示完全一样,那么它们还是两条不同的<职能流程>吗?

答案是:如果输出的"管理记录"不同,它们还是两条不同的<职能流程>,即使它们的流程路径完全一致。

事实上,图 3-6 所示两条<职能流程>的流程图之所以看上去完全一样,是因为其<流程步骤>名称的描述不够规范。

如图 3-7 所示,由于这两条<职能流程>输出的"管理记录"是不一样的,如果规范地描述<流程步骤>,名称中应包含具体的业务事项或代表此业务事项的管理记录。此时就会发现,它们明显是两条不同的<职能流程>。

3. <职能流程架构图>

图 3-8 左侧为企业的战略模型,其基本逻辑是通过<战略目标解码模型>和<企业商业模式模型>来描述企业的战略诉求,通过<战略能力分解矩阵>来承接战略诉求,梳理企业达成此战略诉求需要具备的业务能力。一般情况下,<能力架构>分为一、

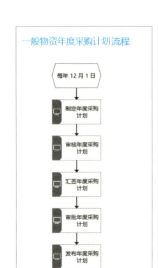
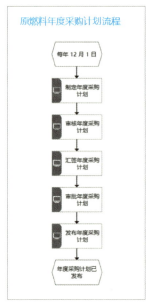

• 图 3-6 看似相同的<职能流程>路径

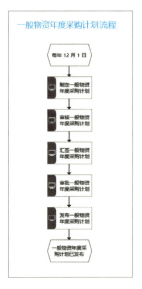
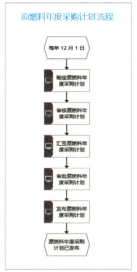

• 图 3-7 <职能流程架构>的严格规范呈现

二、三级。图 3-8 右侧展示了<职能流程架构>的来源和图形化呈现方式。

1）左侧直接对接<战略目标解码模型>和<企业商业模式模型>两大模型得到的<一级能力项>，就是右侧<职能流程架构图>第一层<流程地图>中的<一级职能流程>，也称为<流程域>。

第 3 章
战略赋能：基于战略模型赋能企业

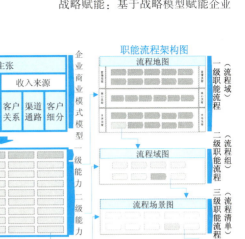

● 图 3-8　战略-能力-职能流程架构关系图

2）左侧每一个<一级能力项>纵向通过 PDCA 展开得到的<二级能力项>，就是右侧每一个<一级职能流程>往下展开的第二层，即<流程域图>中<二级职能流程>，也称为<流程组>。

3）左侧每一个<二级能力项>往下展开的<流程选择矩阵>中的<流程清单>，就是右侧每一个<二级职能流程>往下展开的第三层，即<流程场景图>中的<三级职能流程>。注意，<三级职能流程>不是<流程选择矩阵>纵坐标中的<三级能力项>，也不是横坐标中的<业务场景>，而是<流程选择矩阵>横纵坐标交汇点中的每一个对象，由于这些对象中的每一个就是一条<职能流程>的名称，所以这组对象被称为<流程清单>。

4）<三级职能流程（流程清单）>再往下展开，就是大家熟悉的流程图了。

下面再梳理一下图 3-9 所示<职能流程架构图>四个层级的构成逻辑。图 3-10 所示为职能流程架构层级和<职能流程架构图>的对应关系。

1）"流程地图"是"职能流程架构图"的第一层。这里需要特别注意，"职能流程架构图"的第一层和"一级职能流程"是两个概念，不要混淆。"职能流程架构图"的第一层叫"流程地图"是由"一级职能流程（流程域）"构成的，是所有"一级职能流程（流程域）"的图形化展示方式。比如，<采购管理>就是一个"一级职能流程（流程域）"，是"流程地图"的一个组成部分。而"流程地图"包含所有的"一级职能流程（流程域）"。

.45

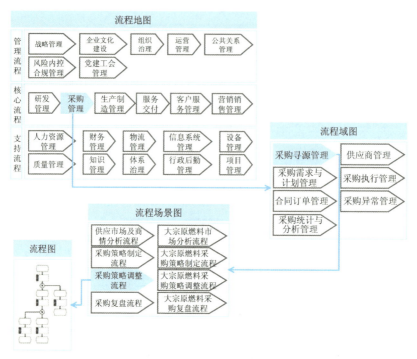

- 图 3-9 ＜职能流程架构图＞

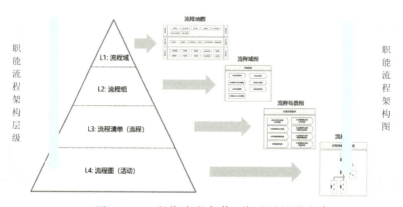

- 图 3-10 ＜职能流程架构＞的不同呈现方式

2）"流程区域图"是某个"一级职能流程（流程域）"的展开，是隶属于此"一级职能流程（流程域）"的所有"二级职能流程（流程组）"的图形化展示。所以，"流程区域图"由"二级职能流程（流程组）"构成。

3）"流程场景图"是对某个"二级职能流程（流程组）"的展开，是隶属于此"二级职能流程（流程组）"的所有"三级职能流程（流程清单）"的图形化展示。所以,"流程场景图"由"三级职能流程(流程清单)"构成。之所以称其为"流程场景图"是因为构成此图的"三级职能流程(流程清单)"是通过<流程选择矩阵>横向维度的"业务场景"解析出来的。

4)"末级职能流程图"即"职能流程图",是对某个"三级职能流程(流程清单)"的展开,展现的是真正意义上的流程图。流程图由"业务活动(流程步骤)"组成。

有一点需要特别说明,"业务活动(流程步骤)"有时还可以往下拆解,由所谓"任务"构成。EBPM方法论认为,"业务活动(流程步骤)"是可以再往下拆解成任务的,但确切地说,应称为"作业任务"。"作业任务"描述的是完成此项"业务活动(流程步骤)"的操作过程。"作业任务"与"业务活动"的最大区别在于不需要留下管理痕迹。"作业任务"属于作业指导的范畴,不直接体现在"职能流程架构图"中,因为不是每一个"业务活动(流程步骤)"都需要往下拆解"作业任务"。作业指导的相关内容在本书 3.1.1 节第 4 部分有专门介绍。

以上介绍了<职能流程架构>和<能力架构>的对应方式,并介绍了<职能流程架构>的一种图形化呈现方式:<职能流程架构图>。

4. 构建<职能流程图模型>的基本规则

管理留痕是有成本的,基于管理痕迹展开监控、分析和优化当然也会产生成本。新一代的数字化技术大大地降低了管理留痕及基于管理痕迹进行监控、分析和优化的成本,同时还大大地提升了企业管理所留痕迹的能力和质量,这就是新一代数字化技术给企业管理带来革命性变革的根本原因所在。从这个角度来说,数字化业务流程管理就是让业务活动留下"数字化痕迹",然后对这些伴随业务活动产生的"数字化痕迹"进行管理。

1)<职能流程>是由留下管理痕迹的业务活动构成的。

<职能流程>主要是由<业务活动(流程步骤)>构成的,是完成某一项具体"业务事项(三级能力项)"过程中所有留下管理痕迹的<业务活动(流程步骤)>的连贯、有序的组合。

<职能流程>由一套完整的<管理记录>来显性化,<业务活动(流程步骤)>由管理痕迹来显性化。数字化时代,这些显性化管理痕迹的载体是数字化的。当所有<业务活动(流程步骤)>的管理痕迹都数字化后,企业数字化流程管理的基础就有了。接下来,就是如何基于这些数字化的管理痕迹进行监控、分析和优化,充分发挥数字化管理价值的问题了。

图 3-11 所示为博阳家居<差旅费用报销审批流程>从战略到落地执行的解析过

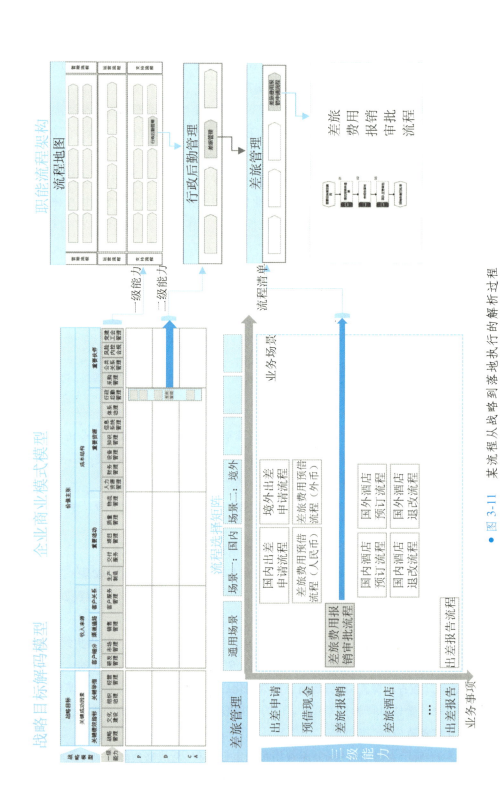

图 3-11 某流程从战略到落地执行的解析过程

程。这条<职能流程>是<差旅管理流程选择矩阵>中<差旅报销>这个"业务事项（三级能力项）"解析出来的，而且这个三级能力项只解析出这一条<职能流程>，也就是说，不管是国内还是境外出差，差旅费用报销的审批都通过本流程完成。

图 3-12 所示为博阳家居<差旅费用报销审批流程>的流程图，流程不复杂，只有三个<业务活动（流程步骤）>，每一个步骤都留下了管理痕迹，其载体都是<差旅费用报销单>。

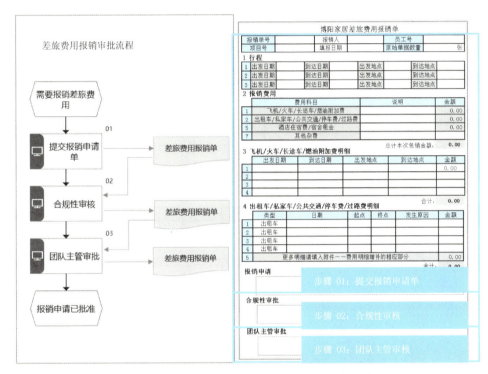

- 图 3-12 <差旅费用报销审批流程>的管理痕迹

2）<业务活动（流程步骤）>的颗粒度大小取决于是否可以完成一次提交或者传递（归档）。

如果针对图 3-12 所示步骤 01<提交报销申请单>有一个报销单的填写顺序，管理者要求填表人按图 3-12 右侧所示顺序填写各部分的内容，此时，对于构建<职能流程图模型>的人来说，常常会有一个疑问，即图 3-13 所示的六个填表步骤是否应在<职能流程图模型>中体现？

<业务活动（流程步骤）>是否显性化在<职能流程图模型>中取决于其是否留下管理痕迹，而这六个步骤显然都留下了痕迹，那么，<差旅费用报销审批流程>究竟

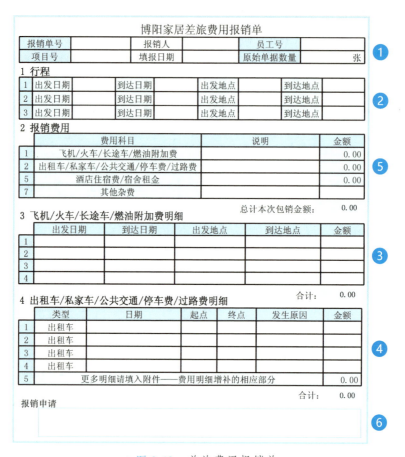

- 图 3-13 差旅费用报销单

应画成图 3-14 左侧所示的三个步骤，还是应将<提交报销申请单>这个步骤拆解成图 3-14 右侧所示的六个步骤？

这是一个典型的业务活动（流程步骤）颗粒度问题。现在来看看各个步骤是否可以完成一次管理痕迹（数据）的提交或者传递（归档）。

- 提交：提交即提交完成，这是针对在数字化系统中流转的<业务活动（流程步骤）>而言的。注意，是"提交"不是"保存"。提交表示记载本次<业务活动（流程步骤）>的管理痕迹已经正式生成，本项业务活动完成了。提交将触发下一个<业务活动（流程步骤）>或者导致流程结束。从另一个角度来看，提交前留下的管理痕迹不是本项业务活动最终的痕迹，而是临时的记录，可能还会被修改甚至删除，而提交这个动作则表示相关的管理痕迹被正式记录和纳入管理体系了，若要修改或者删除，就需要通过另一个或几个留

第 3 章
战略赋能：基于战略模型赋能企业

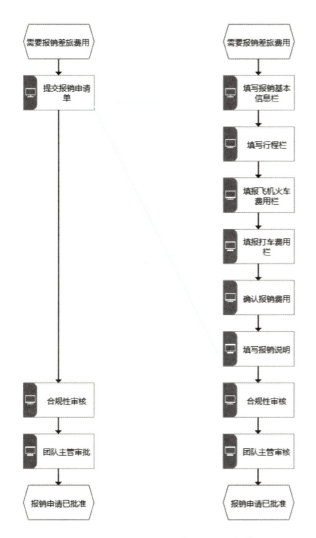

- 图 3-14　流程步骤的颗粒度

下管理痕迹的业务活动来完成，而不是本项业务活动。

- 传递（归档）："传递"是针对人工流转的<业务活动（流程步骤）>而言的。顾名思义，传递就是由 A 传给 B，不管是手手相传，还是通过微信、电邮等来传递。传递同样会触发下一个<业务活动（流程步骤）>。当然，也有可能不是"传递"而是"归档"，即导致流程结束。

在数字化系统中，上述的六个步骤虽然每一个都留下了痕迹，但是只有将这六个步骤全部完成（包括对非必填项置空，即确认不需要填写），才可以提交完成，从而触发下一个<业务活动（流程步骤）>。

如果是人工流转的<业务活动（流程步骤）>，上述的六个步骤虽然每一个都留下了管理痕迹，但是只有将这六个步骤全部完成（包括对非必填项置空，即确认不需要填写），才可以进行一次传递，从而触发下一个<业务活动（流程步骤）>。因此，这六个步骤应合并为一个步骤。

3) 用<作业流程>或<作业指导书>描述作业顺序。

关于<业务活动（流程步骤）>颗粒度确定规则的讨论，必然会引出"作业流程"和"作业指导书"这两类要素。从<职能流程>的角度来看，上述的六个步骤应合并为一个步骤，不应拆分，但是填写<差旅费用报销单>确实有六个有前后顺序的操作步骤，这个顺序即使不是必须严格遵照，也是强烈建议的，因为按此顺序来填写时逻辑清晰、填写效率高、差错率低。那么，管理者应如何将这些管理要求传递给流程的执行者？

答案是：使用作业流程或者作业指导书。

作业流程就是操作顺序，是将一组规律性的作业活动以操作步骤、操作活动和操作要求等形式进行统一描述的标准化操作程序，用以规范和指导日常工作。

作业流程是对<业务活动（流程步骤）>的指导，其本身并不要求留下管理痕迹。对于那些没有留下管理痕迹，但又希望员工知道的工作程序，可以用作业流程来描述。比如机器的维修操作流程，它并不要求操作一步做一记录，而是维修完成后统一填一张《维修记录表》，所以，维修过程如何操作，以及先关电源、再开安全罩之类的操作顺序，可以通过作业流程的形式展现给相关人员。这些步骤都不应作为职能流程的流程步骤，而只有<填写维修记录表>作为一个流程步骤画在<职能流程图>中。

作业流程也可以用来描述那些在提交和传递（归档）前留下管理痕迹的<业务活动（流程步骤）>操作顺序，或者理解为，描述那些未正式留下管理痕迹的<业务活动（流程步骤）>的操作顺序。

事实上，更多情况下，作业流程（操作顺序）是采用<作业指导书>的形式而非<作业流程>来描述的。对于上述的六个步骤，博阳家居的管理者就编制了一份图 3-15 所示的《差旅费用报销单填写说明》作业指导书。

这份作业指导书应该与<提交报销申请单>这个<业务活动（流程步骤）>进行关联，以确保员工在查看或执行此流程步骤时，能及时且清晰地了解填写要求，如图 3-16 所示。

博阳家居差旅费用报销单

报销单号		报销人		员工号	
项目号		填报日期		原始单据数量	张

1 行程

1	出发日期		到达日期		出发地点		到达地点	
2	出发日期		到达日期		出发地点		到达地点	
3	出发日期		到达日期		出发地点		到达地点	

2 报销费用

	费用科目	说明	金额
1	飞机/火车/长途车/燃油附加费		0.00
2	出租车/私家车/公共交通/停车费/过路费		0.00
5	酒店住宿费/宿舍租金		0.00
7	其他杂费		

总计本次包销金额：0.00

3 飞机/火车/长途车/燃油附加费明细

	出发日期	到达日期	出发地点	到达地点	金额
1					
2					
3					
4					

合计：0.00

4 出租车/私家车/公共交通/停车费/过路费明细

	类型	日期	起点	终点	发生原因	金额
1	出租车					
2	出租车					
3	出租车					
4	出租车					
5	更多明细请填入附件——费用明细增补的相应部分					0.00

合计：0.00

报销申请

员工因工作需要报销费用，须遵从如下流程。报销人必须填写《费用报销单》，在填写明细时，若《费用报销单》无法容纳所有内容，则请填写《附件_费用明细增补》；如有超过两个月报销周期的费用需要报销，则还应填写《附件_超期报销情况说明》。

1.2.S1_填写《费用报销单》

1) 《费用报销单》电子文档的名称同费用报销单号。

2) 报销单号：员工号_填报日期（YYYYMMDD）-顺序号。比如 CN0032 号员工在 2011 年 8 月 8 日填报了一份《费用报销单》，即在报销单号中应填入 CN0032_20110808-01；如果在当日，该员工又填报了另一份报销单，则第二份报销单的报销单号中应填入 CN0032_20110808-02。

3) 项目号：填入本次报销的项目号，如果费用分属不同的项目号，则每一个项目须填一份《费用报销单》。即不同项目的费用不能混在同一份费用报销单中报销。客户经理如进行某些销售活动没有特定的项目号，则统一填报销售杂项项目号。

4) 原始单据张数：填入贴在费用报销单后的原始单据的张数，以防原始单据在邮寄或审核过程中遗失。

5) 《费用报销单》为 A4 纸大小，粘贴原始单据需要另附一张或若干张 A4 纸进行粘贴（以下称此纸为“粘贴单”），请以环保理念为先，打印《费用报销单》及粘贴原始单据时，应尽量使用已经用过的纸。

◢ 6) 报销单据的粘贴顺序从上到下应为：最顶层《费用报销单》及《附件_费用明细增

图 3-15 <作业指导书>示例

流程优化风暴：企业流程数字化转型从战略到落地

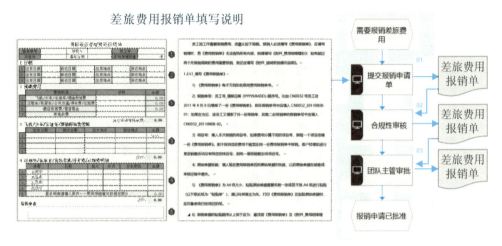

● 图 3-16　作业指导书与流程步骤的关系

4）<职能流程>可以只包含一个<业务活动（流程步骤）>。

如果用一个留下管理痕迹的<业务活动（流程步骤）>就做完了一件事，输出了一套管理记录，那么这个<业务活动（流程步骤）>也应纳入流程管理的范畴，不应排除在外。流程管理将企业内所有留下管理痕迹的业务活动都管起来了，没有"漏网之鱼"。

反过来，所有希望通过流程管起来的业务活动，都必须留下管理痕迹。显性化（即留下管理痕迹）是科学管理的前提，没有留痕就无从管起。

最常见的例子是很多编制报表的业务活动。报表显然是有痕迹的管理记录。如果编制某份报表只对应一个留下管理痕迹的业务活动，那么同样也构成一条<职能流程>。

图 3-17 所示为两条只有一个<业务活动（流程步骤）>的<职能流程>：<员工工时统计分析报表编制流程>和<员工休假情况分析报表编制流程>。

那么，构建仅一个步骤的流程有意义吗？当然有！

留下管理痕迹的业务活动，一定是会产生成本、耗费时间的，都应该管起来。将所有留下管理痕迹的业务活动都通过流程的形式加以显性化，就相当于借助流程的形式都管起来了。

比如，图 3-17 所示的两条流程都可以在数字化的工作流系统中预置触发时间，<每月 15 日>和<每月 1 日>自动发送一个报表编制的待办事项给相关责任人，这样可以确保事项不会漏做且按时做完。同时，输出的管理记录（即报表）也可以通过工作流系统自动推送给相关人员并自动归档。虽然，只有一个流程步骤，

● 图 3-17　只有一个步骤的流程示例

另外，由于所有留下管理痕迹的业务活动都纳入流程管理了，所以可以完整地统计和分析某员工或岗位的工作事项和工作量。这对于岗位价值评估、员工工作负荷分析、工作绩效考评都非常有用。在数字化时代，这些价值尤为明显。

图 3-17 所示的<员工工时统计分析报表编制流程>和<员工休假情况分析报表编制流程>虽然都只有一个步骤，但也可以在数字化的工作流系统中运行，并发送待办事项。在员工事项监控界面中，编制报表类的活动也会纳入员工所有待办事项的监控分析，同样也会纳入员工的工作负荷和绩效考评，这些自然是合理且有价值的。

当然，不是只有编制报表类的活动会构成只有一个步骤的流程。EBPM 方法论强调，所有留下管理痕迹的业务活动都应纳入"流程"这一管理要素进行管理。

5) <业务活动（流程步骤）>的命名规则。

<业务活动（流程步骤）>的标准名称应由【业务动词】和【业务对象】两部分构成。

比如，<生产计划>是一个【业务对象】，如果<业务活动（流程步骤）>的名称是<生产计划>，那么这是不规范的命名，因为只有【业务对象】而没有【业务动词】。如果将一个<业务活动（流程步骤）>命名为<制定生产计划>，这就是规范的命名了，其中，"制定"是【业务动词】，"生产计划"是【业务对象】。同样，如果<业务活动（流程步骤）>的名称是<审批>，这当然也是不正确的，因为只有【业务动词】而没有【业务对象】。

以上是<业务活动（流程步骤）>的标准命名规则。不过，实践中往往很难要求流程图绘制人员完全按此规范来命名<业务活动（流程步骤）>。

图 3-7 所示的两个<职能流程图>中，每一个<业务活动（流程步骤）>都严格按照【业务动词】+【业务对象】的方式进行命名，这自然是很规范也很清晰的。但在实际操作中，由于<职能流程>的名称中往往已经包含了【业务对象】名称，所以

流程图绘制人员总是会不自觉地省掉【业务对象】。

图 3-6 所示的两个相同步骤<职能流程图>中，因为<职能流程>名称中已经说明了这是两条针对不同【业务对象】的流程（一个是【一般物资年度采购计划】，另一个是【原燃料年度采购计划】），所以在流程图的每一个<业务活动（流程步骤）>中不再重复出现【业务对象】的全称了，而是简称为【年度采购计划】甚至是【采购计划】。这样处理虽不够严谨，考虑到正常情况下读图者能正确理解，通常就不再强求规范了。

此时，有一个概念必须非常清楚，图 3-6 所示的两个<职能流程图>，虽然其<流程步骤>的名称完全一样，甚至整个流程看上去完全一样，但绝对不是同一个<流程步骤>出现在了两个不同的<职能流程图>中，更不能说明这是两个完全一样的<职能流程>。

图 3-18 所示的<差旅费用报销审批流程>中，左侧采用了<业务活动（流程步骤）>的标准命名方式，同样，这是很规范也很清晰的命名方法。但在实际操作中，流程图的绘制人员会觉得这样描述有点单调，所以常常采用右侧所示的命名方式，省去对【业务对象】"报销申请"的反复描述，增加<业务活动（流程步骤）>本身包含的一些管理信息。比如，将<审核报销申请>改为<合规性审核>，因为即使不描述"报销申请"这个【业务对象】，读图人通过<职能流程>名称也能明白。将名称改为<合规性审核>，会使得流程图的信息量更丰富，读图人一看就知道这个步骤主

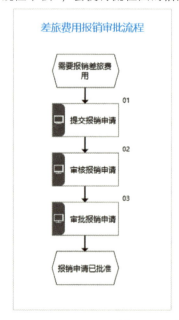 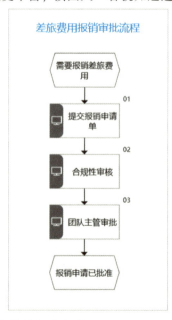

● 图 3-18　流程步骤的命名变化

要审什么内容。同样，<审批报销申请>改为<团队主管审批>强调了这个步骤负责人的属性。由于不会造成对流程逻辑的错误解读，上述处理方法通常也是被允许的。

但是，以下几种处理方式，EBPM方法论认为是不合适的，应该避免。

第一，如图3-19左侧流程图所示，02、03步骤只有【业务动词】而没有【业务对象】或其他描述。虽然"报销申请"这个【业务对象】不写也不妨碍理解流程，但是只有【业务动词】的"极简主义"命名方式还是不可取的。

第二，如图3-19右侧流程图所示，02、03步骤将<业务活动（流程步骤）>的操作说明当名称使用，将名称写成了一段话，这也是不可取的。名称还是应简明扼要，详细操作放到步骤说明中去描述。

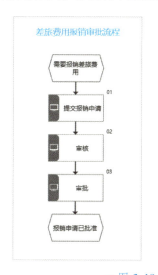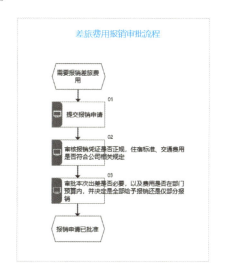

● 图3-19　不恰当的流程步骤名称

综上所述，<业务活动（流程步骤）>的标准名称应由【业务动词】和【业务对象】两部分构成。其中，【业务动词】必须要有，绝对不可以缺失，【业务对象】也不应缺失，但是，如果在<职能流程>名称中已经说明了【业务对象】，那么在<业务活动（流程步骤）>名称中可以不再重复描述，而是描述一些其他管理信息。另外，只有【业务动词】或者只有【业务对象】都是不正确的；将<业务活动（流程步骤）>的名称写成操作说明，也是不可取的。

6）同一个<业务活动（流程步骤）>不可能出现在不同的<职能流程>中。

<职能流程>颗粒度的确定依据是"管理记录"。不同的<职能流程>一定会输出**不同**的"管理记录"，相同的<职能流程>一定会输出**相同**的"管理记录"。这种流程颗粒度的确定方法，其本质就是将同一个<三级能力项>通过不同的"业务场景"进

一步细分为不同的【业务对象】，不同的"管理记录"只是不同【业务对象】的显性化载体而已。

反过来说，如果【业务对象】相同，那么其显性化的载体，即"管理记录"，必然也是相同的，就应该对应同一条<职能流程>。

图3-5所示<流程选择矩阵>中，<一般物资年度采购计划>和<原燃料年度采购计划>就是<年度采购计划>这个<三级能力项>基于"业务场景"解析出来的不同【业务对象】。

在图3-7所示的两条<职能流程图>中，虽然第一个<业务活动（流程步骤）>的动词都是"制定"，但是其【业务对象】是不同的，一个是<一般物资年度采购计划>，而另一个是<原燃料年度采购计划>。因此，这是两个不同的<业务活动（流程步骤）>。

根据<职能流程>颗粒度的切分原则，不同的<职能流程>其【业务对象】一定是不同的。因此，不同<职能流程>中<业务活动（流程步骤）>的【业务对象】也一定是不同的，所以，不同<职能流程>中的<业务活动（流程步骤）>一定是不同的。

综上可以得出这样的推论：同一个<业务活动（流程步骤）>不可能出现在不同的<职能流程>中，即<业务活动（流程步骤）>是不能跨<职能流程>复用的。

在上述推论的基础上，又可以进一步得到如下的推论：**<职能流程>是企业流程体系中最小的可复用组件。**

此时，再回想一下<职能流程>可以只包含一个<业务活动（流程步骤）>这个规则，是否觉得更有道理了？这确保了可以完整构建企业所有的最小可复用组件：<职能流程>。

3.1.2 端到端流程架构

1. 端到端流程：流程优化的正确打开方式

（1）什么是端到端流程

端到端流程的一个"端"是指需求发起，另一个"端"是指需求满足（或关闭）。端到端流程是指满足特定客户需求的业务活动的全过程，是需求发起到满足（或关闭）的全过程。

比如，<费用报销端到端流程>，需求发起是某员工发起报销申请，需求满足是该员工拿到钱。想必没有人会说"报销申请获得批准就满足了，不需要拿到钱"吧。

同理，<订单至交付端到端流程>，需求发起是与客户签订合同或者客户下达订单,需求满足就是客户签收货物。

后续行文中出现的"E2E流程"是对"端到端流程"的简称。

（2）端到端流程与职能流程的关系

如图3-20所示,企业是分工协作型的组织,按不同的职能分工建立相应的职能部门,再通过各职能部门间的相互协作来完成某项具体的工作。而企业各专业团队间协同工作的过程,就是不同职能流程前后接力,而完成某一具体工作的过程就称为端到端流程。

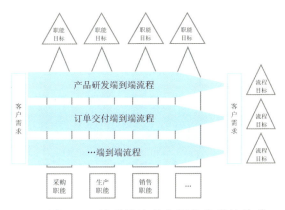

● 图 3-20 端到端流程与职能流程的关系

（3）如何梳理端到端流程

端到端流程由职能流程前后串联而成。梳理端到端流程要求人们突破传统的职能领域视角,从只关注本职能"一亩三分地"的效益转换到关注企业整体运营的效果,即实现从局部到全局的视角转换。人们通常所说的全生命周期产品管理流程、集成的供应链管理流程就是突破职能领域的端到端流程。

如图3-21所示,梳理端到端流程就是将满足某一特定需求的所有相关职能流程按触发机制前后串联,构建一个从需求发起至需求满足的全过程。

（4）梳理端到端流程的主要目的

梳理端到端流程的主要目的,就是要显性化和模型化需求发起至需求满足的全过程,然后构建基于数字化模型的数字孪生闭环,进而对端到端流程进行监控、分析和优化。而"理清楚"是"管起来"和"持续优化"的前提,面对一个"黑箱",所谓优化是无从入手的。

如图3-22所示,端到端流程的优化分为结构性和绩效性两类。通俗地说,前者是消除"断点",后者是消除"堵点"。当然,这两类优化都要实现精益化,即在达

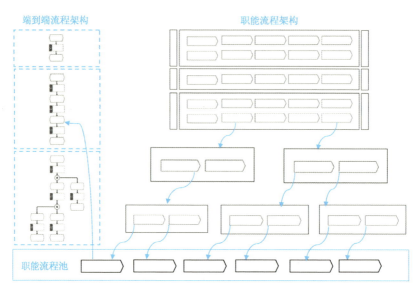

● 图 3-21 端到端流程的梳理

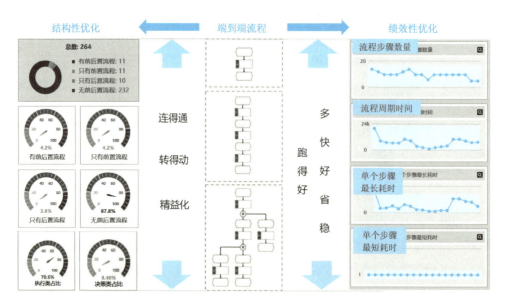

● 图 3-22 端到端流程的优化

成管理目标的前提下，管理要素越少越好。

具体来说，结构性优化就是要确保"连得通、转得动"，消除端到端流程中的四大断点：流程断点、信息断点、组织断点、系统断点。

绩效性优化就是要"跑得好",流程运转要"多、快、好、省、稳"。当然,"又要马儿跑,又要马儿少吃草"本身就是一个平衡的艺术,所以在进行端到端流程的绩效性优化时,每一条端到端流程应有一两个主要优化目标,然后围绕这个主要目标尽可能实现其他类别指标的优化。比如,将<订单至交付>的平均周期时间从10天优化到6天是端到端流程的一个主要优化目标,即主要目标是快,同时在这个前提下,要确保质量过关(好)、提升交付量(多),并尽可能降低成本(省)和减少风险(稳)。此时,这条<订单至交付端到端流程>的绩效性优化目标就是"快、好、多、省、稳"。

2. 端到端流程架构: 不是换个"马甲" 就是"端到端" 了

"端到端流程"可以说是流程管理数字化转型大潮中又一个热门词汇。什么是端到端流程?不同的组织和企业可能会给出不同的定义。但是,不管是什么样的定义,端到端流程都会与企业的价值链(或者说价值流)产生关系。因此,不管是什么样的定义,对于体现主价值链的核心端到端流程,即面向客户和市场的端到端流程,不同企业的一级分类都是差不多的,目前主要采用以下两种分类方法。

图 3-23 所示的第一种分类方法将核心端到端流程分为六大类。

● 图 3-23 核心端到端流程的分类一

- 研发类端到端:描述从构思或需求至新产品或新服务发布的全业务过程。
- 市场类端到端:描述从销售机会中找到销售对象的全业务过程。
- 营销类端到端:描述从找到销售对象到签约客户的全业务过程。
- 交付类端到端:描述从接到订单到完成产品或服务交付的全业务过程。
- 收款类端到端:描述从完成产品或服务交付到收到销售回款的全过程。
- 售后服务类端到端:描述从客户发起一个售后服务需求到此售后服务需求关闭的全过程。

图 3-24 所示的第二种分类方法将核心端到端流程分类四大类。

● 图 3-24　核心端到端流程的分类二

- **集成产品开发**（IPD, from idea to product）：描述从构思或需求至新产品或新服务发布的全业务过程。需要说明一下，从端到端的角度来说，其英文缩写应为 ITP，即构思至产品或者需求至产品。但是，由于华为等企业成功实践了集成产品开发（Integrated Product Development，IPD）的模式、理念与方法，使得 IPD 一词一夕爆红，成为企业追捧的方法，所以现在都流行用 IPD 而不是 ITP 来表示这一端到端流程，这应该算是时代的烙印吧。

- **市场到线索**（MTL, from market to leads）：描述从销售机会中找到销售对象的全业务过程。

- **线索到回款**（LTC, from leads to cash）：描述从找到销售对象到签约、交付和回款的全业务过程。

- **问题到解决**（ITR, from issue to resolve）：描述从客户发起一个售后服务需求到此售后服务需求关闭的全过程。

了解了上述两种核心端到端流程一级分类法的具体含义后很容易发现，其区别仅在于第二种方法将从<线索到订单><订单到交付><交付到回款>这三个端到端流程合并成了<线索到回款>一条端到端流程而已，如图 3-25 所示。

● 图 3-25　两种核心端到端流程分类方法的关系

总之，这两种方法都可以使用，没有什么特别重要的优缺点，只是第一种方法对于<线索至回款>来说，由于分成了三段，所以每一段不会太长、太庞杂，而第二

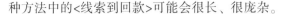

种方法中的<线索到回款>可能会很长、很庞杂。

核心端到端流程的一级分类取决于企业的商业模式，商业模式越接近，一级分类就越相似。上述两种分类法比较适合基于合同或订单交付且基于交付收款的商业模式。对于其他类型的商业模式来说，就可能不太适合了。

比如，教育培训行业等先付款后交付（先付全部学费，再提供培训或授课服务）的商业模式来说，无论是第一种分类中的<交付至回款>还是第二种分类中的<线索到回款>都不正确，而应该是<收款至交付>或者<线索至交付>，因为"端到端"的结束端是交付，而不是回款。这种情况对于订阅收费的商业模式也同样存在。还有，对于一手交钱、一手交货的零售商业模式来说，上述两种端到端流程一级分类法也需要调整。

总之，对于核心端到端流程的一级分类，基于企业的商业模式和上述两种分类法，稍加调整就可以完成了。

EBPM 方法论认为，<端到端流程架构>是独立于<职能流程架构>而存在的，因此企业的流程管理体系应该是"二维流程架构"。现在很多企业在梳理端到端流程时，还是将两者混为一谈。最常见的做法是将<职能流程架构>的第一层，即<流程地图>，进行端到端化处理，就算完成了<端到端流程架构>的梳理。

图 3-26 所示为将左侧<职能流程架构>第一层中的<研发管理>改名为右侧第一层中的<IPD：集成产品开发（需求到上线）>，而从第二层直至末级流程完全一样，这样就完成了研发端到端流程的梳理。EBPM 方法论认为，这只是让<职能流程架构>的第一层，即<流程地图>，更有端到端的"味道"而已，但是整个架构按职能分类分级往下展开的特性并没有变化，这样的处理只能算是做了点"表面文章"，并不是真正意义上完成了端到端流程的梳理。

图 3-27 所示为<线索到回款>这条端到端流程常见的处理方法。将左侧<职能流程架构>第一层中的<生产制造管理><营销销售管理><物流管理><服务交付>等全部改放到<线索到回款>这个一级端到端流程分类下，作为二级流程处理。同样，这只是将<职能流程架构>中的分类按端到端思路重新进行了排列组合和位置变化而已，整个架构按职能分类分级往下展开的特性还是没有变化，这样的处理也只能算是在流程架构的第一层做了点"表面文章"，并不是真正意义上完成了端到端流程的梳理。

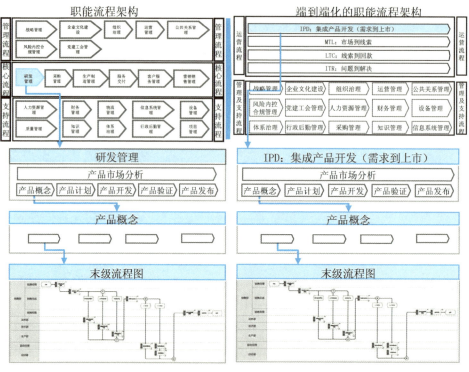

● 图3-26 <职能流程架构>与<端到端流程架构>不能是一套架构（一）

另外，上述处理方法相当于将<职能流程架构>中部分一级分类往下展开的层级从四级改为五级，即多了一个层级。EBPM方法论认为，四级还是五级本身并没有什么对错或者优劣之说，只不过有的企业希望<职能流程架构>中各流程域往下展开的层级保持一致。于是，针对<线索到回款>又进行了图3-28所示的处理。

图3-28右侧所示为处理后的样子，本质上还是将左侧<职能流程架构>的第一层进行了端到端化的处理而已，整个架构还是按职能往下分类分级展开的。

综上所述，EBPM方法论认为：不管采用上述样例中左侧还是右侧的一级流程架构图作为<流程地图>，整个架构的本质还是<职能流程架构>，并不是<端到端流程架构>，不是将<职能流程架构>换个"马甲"就可以算作<端到端流程架构>。EBPM方法论建议采用左侧所示的<流程地图>，而将右侧的<流程地图>样式用到真正意义上的<端到端流程架构>中去。

另外，在图3-29所示的<流程地图>中，<财务管理>并不属于<LTC：线索到回款>这条端到端流程。这样就有个问题，因为"回款"自然要对应<开票收款流程>，但<开票收款流程>属于<财务管理>这个流程域，并不属于<LTC：线索到回款>中

第3章
战略赋能：基于战略模型赋能企业

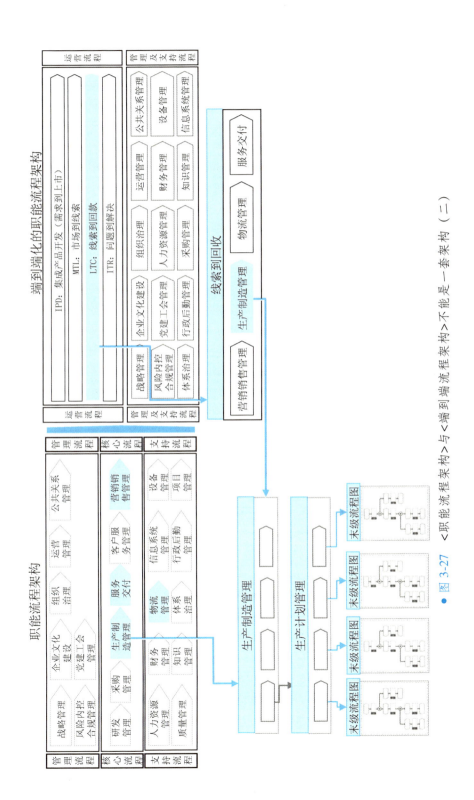

● 图 3-27 ＜职能流程架构＞与＜端到端流程架构＞不能是一套架构（二）

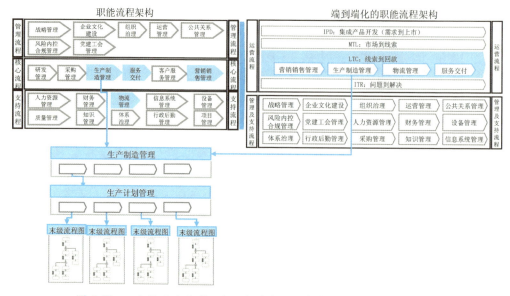

• 图 3-28 <职能流程架构>与<端到端流程架构>不能是一套架构（三）

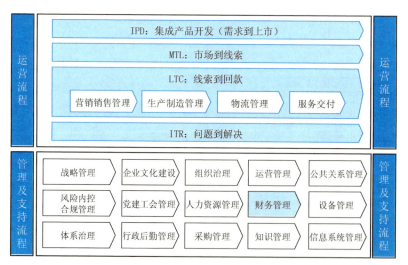

• 图 3-29 <职能流程架构>与<端到端流程架构>不能是一套架构（四）

<生产制造管理><营销销售管理><物流管理><服务交付>这四个流程域。于是便出现了<LTC：线索到回款>不包括<开票收款流程>的奇怪现象。

为了解决这个问题，最常见的处理方法就是将<开票收款流程>放到<营销销售管理>这个流程域中。于是又出现了一个奇怪现象：<LTC：线索到回款>的一个端即

"线索"属于最左侧的<营销销售管理>流程域,而另一个端"回款"也属于这个流程域,端到端并不像图 3-29 所示那样是从左至右的。同时,如果这样处理,则<财务管理>中将不包括<开票收款流程>,这也是很奇怪的。

总之,不管如何处理,总有不能自圆其说的情况。为什么会出现这种情况?其根本原因是,这个架构就不是<端到端流程架构>,而只是换了个"马甲"的<职能流程架构>,所以关于端到端流程的很多问题讲不清楚是很自然的。

如图 3-30 所示,<职能流程架构>和<端到端流程架构>之间的关联逻辑是端到端流程由职能流程构成。一个企业的运营体系本质上就是一套分工协作体系,按职能进行分工,具体表现在基于职能构建组织架构和职能流程,然后再按端到端流程进行协同工作。

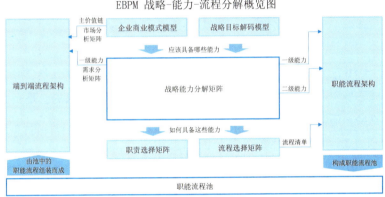

- 图 3-30 战略-能力-流程

3. 运营类核心端到端流程架构的构建方法

图 3-31 所示为一级端到端流程的示例。其中,面向市场和客户的运营流程作为一项核心端到端流程,包括了制造业一级端到端流程的主要类别。

- 研发类(IPD):从需求到上市。
- 市场类(MTL):从市场到线索。
- 营销类(LTO):从线索到订单。
- 交付类(OTD):从订单到交付。
- 交付类(OTC):从订单到回款。
- 实体零售类(STO):从开店到运营。
- 售后类(ITR):从问题到解决。

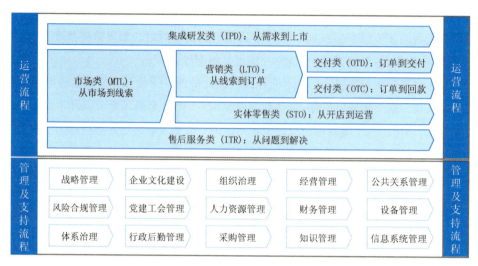

- 图 3-31　端到端流程的流程地图

其中，OTD、OTC、STO这三类端到端流程在企业中究竟有哪几类，取决于企业的商业模式。事实上，<端到端流程架构>就是对接企业战略而来的，是企业战略落地的主要途径，而核心端到端流程则是战略落地的关键途径。

（1）研发类（IPD）：对接<市场分析矩阵>中的<客户细分>泳道

原则上一个<客户细分>泳道应构建一条专门的端到端流程，然后再判断这条端到端流程用到的职能流程、匹配的资源和输出的成果是否完全一致，没有区别可以再合并。

如图3-32所示，博阳家居<市场分析矩阵>第一层的客户细分市场解析出以下四个。

客户细分			消费市场（2C）			企业市场（2B）	
			欧美市场	国内市场		国内市场	
			大众消费	大众消费		房产开发商	房产承包商
渠道通路			电商 亚马逊	电商 京东/天猫	实体零售 直营/加盟	销售团队	销售团队
重要活动	提供产品	标准产品	✓	✓	✓		
		定制产品				✓	✓
	提供服务	交付服务 物流服务	✓	✓	✓		
		安装服务		✓	✓		
		交付项目 交付项目				✓	✓
研发类（IPD）			IPD	IPD		IPD	

- 图 3-32　研发类端到端流程的解析

第 3 章
战略赋能：基于战略模型赋能企业

- 欧美消费市场。
- 国内消费市场。
- 国内房产开发商市场。
- 国内房产承包商市场。

交付标准产品的细分市场，通常每一个细分市场就应有一条独立的端到端流程，因为每一个细分市场都会提供明显不同的产品或服务，相应的端到端流程应有所不同，包括用到的职能流程、匹配的资源和输出的成果都应有所不同。

交付定制产品且以项目形式进行交付的细分市场，针对客户的个性化研发和设计都包含在项目交付的端到端流程中了，通常不需要单独设立研发端到端流程。

在交付定制产品的细分市场，企业需要有一个决策，即除了针对每一个具体客户的个性化设计和研发，是否需要设立专门的研发端到端流程来支撑个性化定制这一服务。比如，对于博阳家居来说，所谓定制化产品，就是基于房产商开发的楼盘专门设计一体化的衣柜。这些衣柜需要适应楼盘各种房型的面积、定位和整体风格，因此，每一个楼盘的不同房型都需要单独设计和研发。

但是，如果针对定制化服务这一市场，博阳家居准备投入一些资源来专门研究如何快速完成个性化设计。比如，研发一个算法模型，输入楼盘的地理位置、气候条件、周围环境参数、市场定位、房型面积、主要购买人群定位、过往设计经验等信息，就会自动输出一个衣柜设计初稿，再由设计人员完成终稿。这个算法模型的研发就不是针对一个具体楼盘，而是针对国内定制化市场的。研发这一算法需要设立一个单独的研发类端到端流程，这个端到端流程的输出就是算法模型。但是，由于此研发类端到端流程的输出对于<国内房产开发商市场><国内房产承包商市场>这两个细分市场没有明显的不同、是通用的，所以只设置一条端到端流程即可。

综上所述，基于<市场分析矩阵>解析出以下三条研发类端到端流程。

- 研发端到端流程：欧美大众消费市场产品服务。
- 研发端到端流程：国内大众消费市场产品服务。
- 研发端到端流程：国内房产市场先进设计技术。

（2）市场类（MTL）：对接<市场分析矩阵>中的<客户细分>泳道

市场类端到端流程原则上一个<客户细分>泳道设置一条专门的端到端流程，然后再判断这些端到端流程用到的职能流程、匹配的资源和输出的成果是否完全一致，没有区别可以再合并。

在图 3-33 所示的博阳家居<市场分析矩阵>中，针对四个细分市场设置专门的市场类端到端流程是合理的，因为不同的市场会提供明显不同的产品或服务，需要传递不同的的价值主张。

客户细分			消费市场（2C）			企业市场（2B）	
			欧美市场	国内市场		国内市场	
			大众消费	大众消费		房产开发商	房产承包商
渠道通路			电商 亚马逊	电商 京东/天猫	实体零售 直营/加盟	销售团队	销售团队
重要活动	提供产品	标准产品	✓	✓	✓		
		定制产品				✓	✓
	提供服务	交付服务 物流服务	✓	✓	✓		
		交付服务 安装服务		✓	✓		
		交付项目 交付项目				✓	✓
市场类（MTL）			MTL	MTL	MTL	MTL	MTL

● 图 3-33　市场类端到端流程的解析

综上所述，基于<市场分析矩阵>解析出以下四条市场类端到端流程。

- 市场到线索端到端流程：欧美大众消费市场。
- 市场到线索端到端流程：国内大众消费市场。
- 市场到线索端到端流程：国内房产开发商市场。
- 市场到线索端到端流程：国内房产承包商市场。

（3）营销类（LTO）：对接<市场分析矩阵>中的<渠道通路>赛道

通常情况下，面向大众消费市场（2C）的赛道没有营销类（线索至订单）的端到端流程。通过市场类端到端流程直接对接<订单到交付><订单到回款><实体店开店到运营>这三条端到端流程。

面向企业市场（2B）或政府机构市场（2G）的赛道都需要设置专门的端到端流程。

对于电商在线销售相关赛道是否需要设置<开店到运营>这条核心端到端流程，不同的企业有不同的定位。现在比较主流的定位是这部分能力和流程体现在<信息系统管理>这一支撑类端到端流程中了，因为在线销售系统的开通和运维属于这一领域。同时，上线运营后订单到交付或回款的能力和流程则体现在<订单到交付><订单到回款>端到端流程中。

综上所述，基于<市场分析矩阵>解析出以下两条营销类端到端流程，如图3-34所示。

- 线索到订单端到端流程：国内房产开发商市场。

客户细分			消费市场（2C）			企业市场（2B）	
			欧美市场	国内市场		国内市场	
			大众消费	大众消费		房产开发商	房产承包商
渠道通路			电商	电商	实体零售	销售团队	销售团队
			亚马逊	京东/天猫	直营/加盟		
重要活动	提供产品	标准产品	✓	✓	✓		
		定制产品				✓	✓
	提供服务	物流服务	✓	✓	✓		
		安装服务		✓	✓		
	交付项目	交付项目				✓	✓
营销类（LTO）			—	—	—	LTO	LTO

- 图 3-34 营销类端到端流程的解析

- **线索到订单端到端流程**：国内房产承包商市场。

（4）交付类（XTX）：对接<市场分析矩阵>中的<渠道通路>赛道

通常情况下，交付类端到端流程直接对接各渠道通路分解出来的赛道，一个"赛道"设置一条专门的端到端流程，然后再判断这些端到端流程用到的职能流程、匹配的资源和输出的成果是否完全一致，没有区别可以再合并。在如图所示博阳家居的案例中，就有五个专设的端到端流程，分别如下。

- **订单到交付端到端流程**：欧美大众消费市场电商平台产品型业务。
- **订单到交付端到端流程**：国内大众消费市场电商平台产品型业务。

客户细分			消费市场（2C）			企业市场（2B）	
			欧美市场	国内市场		国内市场	
			大众消费	大众消费		房产开发商	房产承包商
渠道通路			电商	电商	实体零售	销售团队	销售团队
			亚马逊	京东/天猫	直营/加盟		
重要活动	提供产品	标准产品	✓	✓	✓		
		定制产品				✓	✓
	提供服务	物流服务	✓	✓	✓		
		安装服务		✓	✓		
	交付项目	交付项目				✓	✓
交付类（XTX）			OTD	OTD	STO	OTC	OTC

- 图 3-35 交付类端到端流程的解析

- 开店到运营端到端流程：国内大众消费市场实体零售产品型业务。
- 订单到回款端到端流程：国内总包型房产市场批量定制化业务。
- 订单到回款端到端流程：国内分包型房产市场批量定制化业务。

(5) 售后类（ITR）：对接<市场分析矩阵>中的<客户细分>泳道

通常情况下，售后类端到端流程也是一个<客户细分>泳道设置一条专门的端到端流程，然后再判断这些端到端流程用到的职能流程、匹配的资源和输出的成果是否完全一致，没有区别可以再合并。但是，对于售后类端到端流程来说，其<市场分析矩阵>的第三层不是<重要活动>，而是<客户关系>，故需要罗列本商业模式中售后阶段与客户之间的接触和互动渠道。例如，图 3-36 中列出了以下两个活动类的互动渠道：客户回访、客户活动；两个平台类的接触互动渠道：呼叫中心、在线服务。不同的<客户细分>市场中提供的接触互动渠道是不一样的。

客户细分			消费市场（2C）			企业市场（2B）	
			欧美市场	国内市场		国内市场	
			大众消费	大众消费		房产开发商	房产承包商
渠道通路			电商	电商	实体零售	销售团队	销售团队
			亚马逊	京东/天猫	直营/加盟		
客户关系	活动	客户回访				✓	✓
		客户活动				✓	✓
	平台	呼叫中心（呼入呼出）		✓	✓		
		在线服务（网站及APP）	✓	✓	✓		
售后类（ITR）			ITR	ITR		ITR	

- 图 3-36　售后类端到端流程的解析

在图 3-36 所示案例中，博阳家居设置了三条售后类端到端流程，分别如下。

- 问题到解决端到端流程：欧美大众消费市场。
- 问题到解决端到端流程：国内大众消费市场。
- 问题到解决端到端流程：国内房产开发市场。

以上基于<市场分析矩阵>完成了五大类核心端到端流程的梳理，如图 3-37 和图 3-38 所示。其本质是在<市场分析矩阵>下方对接一个<核心端到端流程分析矩阵>，从而得到了市场-核心端到端流程的架构。

接下来，就是解决如何将梳理完毕的核心端到端流程架构呈现出来的问题了。

4. 管理及支持类端到端流程

如图 3-39 所示，面向市场和客户的运营类端到端流程是企业的核心端到端流

• 图 3-37 从商业模式到端到端流程（一）

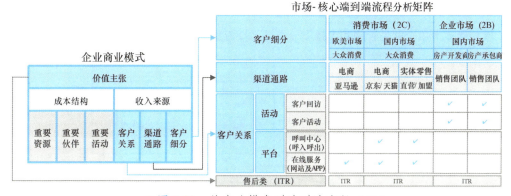

• 图 3-38 从商业模式到端到端流程（二）

程，而管理及支持类端到端流程则是面向内外部人员的。所谓"面向"就是满足这些人员的需求，这些内外部人员主要分为以下几类。

- 所有者（股东等）。
- 管理者。
- 员工。
- 供应商。
- 利益相关方。
- 监管者。
- 党政工团。

流程优化风暴：企业流程数字化转型从战略到落地

● 图 3-39　管理及支持类端到端流程

管理和支持类一级端到端流程应包括哪些，这个问题的推导逻辑比较简单。如图 3-40 所示，<战略能力分解矩阵>中对应<战略目标解码模型>的一级能力项，对应<企业商业模式模型>里<重要资源><重要伙伴><重要活动>中交付支持类活动的所有一级能力项，就是管理和支持类一级端到端流程。

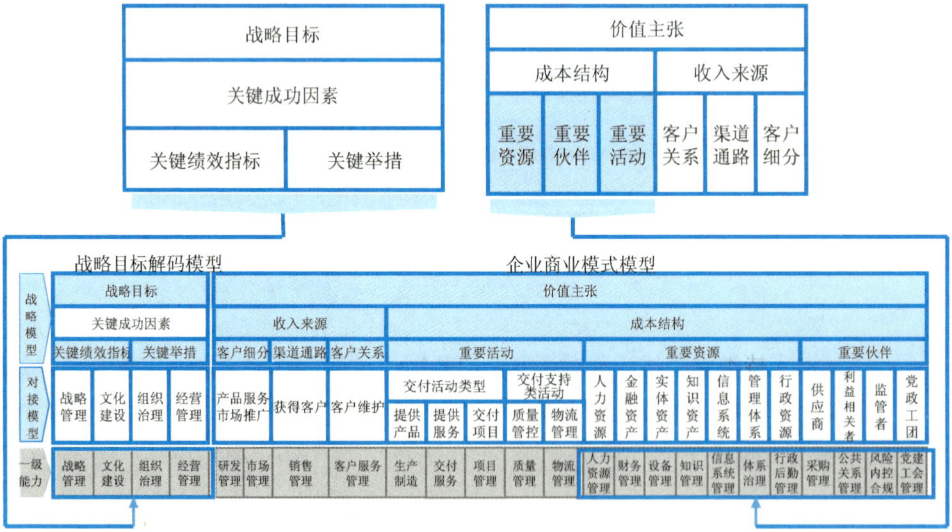

● 图 3-40　管理和支持类端到端流程的来源

此时，大家可能会有个疑问，这些管理和支持类一级端到端流程和职能流程架构中的一级职能流程名称是一样的，这两者又有什么区别？其区别在于往下展开的二级和三级。职能流程架构中一级职能流程往下展开，梳理的是属于此职能领域的流程，每一个职能流程一定只属于本职能领域，不会跨职能领域存在；而端到端流程域往下展开，梳理的是需求发起至需求满足（关闭）的全业务过程，是由职能流程组装而成的端到端流程，用到的职能流程很可能会跨领域，当然也可能不跨。对于某些比较简单的管理和支持类端到端流程，也不排除与职能流程完全一样的可能性。但其本质还是不同的。

如图 3-41 所示，管理及支持类一级端到端流程往下展开，可以用<能力需求分析矩阵>进行解析。该矩阵中，横向按面向的对象分类。前面的核心类运营端到端流程之所以往下展开而不需要按面向的对象分类，是因为它们都是面向市场和客户的。

• 图 3-41　能力需求分析矩阵

面向不同对象的端到端流程是不一样的，因为端到端流程是需求发起至需求满足（关闭）的全业务过程，而需求是需求提出者发起的。换句话说，如果需求提出者认为自己没有这个需求，那么满足此需求的端到端流程就不需要存在。而端到端流程又是由职能流程构成的，所以当某条职能流程没有被任何端到端流程引用时，说明此职能流程没有被任何面向的对象所需要，所以此职能流程也就不需要存在了。

<能力需求分析矩阵>纵向按 PDCA 或生命周期的维护去细分各种需求，一个具体的需求应有一个相应的端到端流程。

通过<能力需求分析矩阵>完成管理及支持类端到端流程的解析后，就得到了相应的端到端流程清单。

这里需要再次强调，一级端到端流程<人力资源管理>展开解析出的端到端流程，其包含的职能流程是很有可能跨多个职能领域的。这是端到端流程与职能流程的区别所在。

例如，图 3-42 所示为<人力资源管理>这个一级端到端流程往下展开构建的二级端到端流程清单。可以看到，<人力资源管理>主要为管理者和员工提供服务，满足这两类对象的需求。在每一类面向的对象下，再按 PDCA 或者生命周期展开，细分这些对象有哪些需求，以及对应这些需求的端到端流程又是什么，于是就得到了端到端流程清单。这个环节是真正在全面梳理企业面对的除市场和客户之外的需求，以及可以满足这些需求的能力。

• 图 3-42　二级端到端流程清单示例

当然，如果发现有缺失，管理者就需要增加相应的流程。举个例子，如果从今年开始，人力资源和社会保障局要求企业每年定时提供内部人力资源情况的报告，企业就需要去做这件事，即应具备按时提供报告的能力。此时，管理者认定此能力属于<人力资源管理>，而且在对应的二级端到端流程中没有发现可以提供相应服务、满足此需求的流程，所以管理者就需要新增<人力资源对外报告提供 E2E 流程>，而此流程面向的是外部监管者，因此还需要增设一个面向对象的分类。下一步是从<职能流程池>中找到相应的<职能流程>来构建<人力资源对外报告提供 E2E 流程>，如果发现当前的<职能流程>有缺失，那么还需要增加相应的<职能流程>。

图 3-43 所示为增加了"面向监管者"及相应端到端流程的<人力资源管理>二级端到端流程。当然，如果外部监管机构取消了这一要求，那么该端到端流程自然也就不需要了，相应的职能流程也不再需要。

还有一点需要特别说明，有时主要用来构成运营类核心端到端流程的<一级能力项>，如生产管理、质量管理等，也会面临一些不来自市场和客户的需求，为了满足这些需求，这些<一级能力项>下也会构建端到端流程。如果有这种情况发生，这些<一级能力项>也应出现在管理及支持类一级端到端流程的分类中。

总之，<端到端流程架构>的构建是按需求和需求的来源分类的。

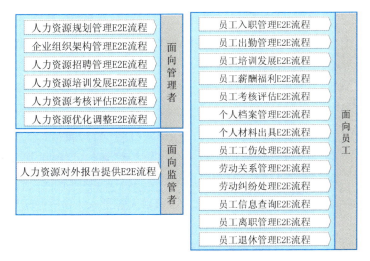

- 图 3-43 增加二级端到端流程

5. <端到端流程架构>的呈现方式

（1）运营类核心端到端流程架构图

如图 3-44 和图 3-45 所示，以交付类端到端流程为例。从<市场-核心端到端流程分析矩阵>可以得到一级端到端流程有哪些分类，展开到二级后，又有几条具体的端到端流程，这样就得到了端到端流程架构图。

OTD/OTC/STO 三种交付类端到端都放在一级端到端流程图中呈现，有的管理者觉得与其他一级端到端流程分类的颗粒度有点不一致，所以将这三者合并，构建如下的核心端到端流程架构图。

图 3-46 所示的端到端流程架构图只是另一种呈现方式，并没有改变对接战略梳理核心端到端流程的基本逻辑和成果，所以是没什么问题的。

（2）管理及支持类端到端流程架构图

图 3-47 所示为以<人力资源管理>为例梳理的端到端流程架构图。二级端到端流程按面向的对象进行梳理，形成二级端到端流程清单。三级就是具体的流程图了，端到端流程图中的每一个对象都是一条<职能流程>。

6. 构建<端到端流程图模型>的基本规则

1）绘制方法：<端到端流程>是由<职能流程>组装而成的。

如图 3-48 所示，以<企业商业模式模型>和<战略目标解码模型>为出发点，通过<战略能力分解矩阵>和<流程选择矩阵>得到右侧的<职能流程架构>；通过<市场分

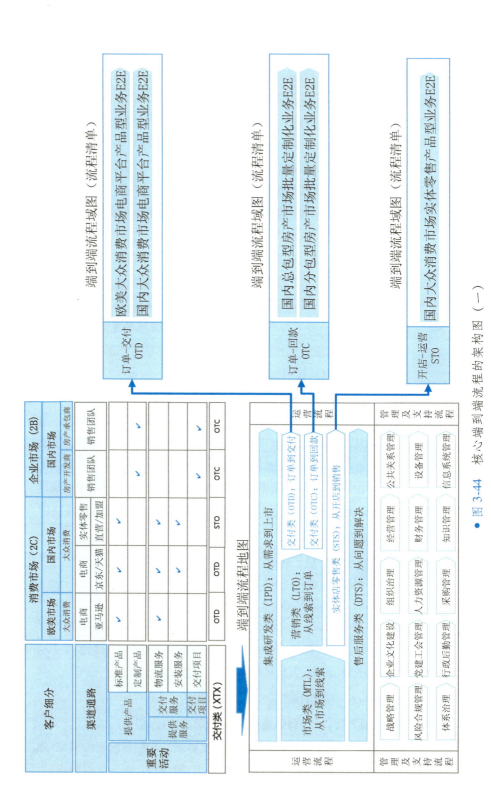

● 图 3-44 核心端到端流程的架构图（一）

第 3 章 战略赋能：基于战略模型赋能企业

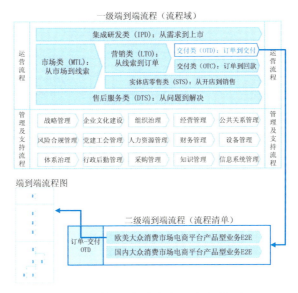

● 图 3-45 核心端到端流程的架构图（二）

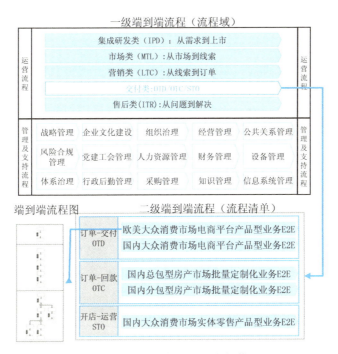

● 图 3-46 核心端到端流程的架构图（三）

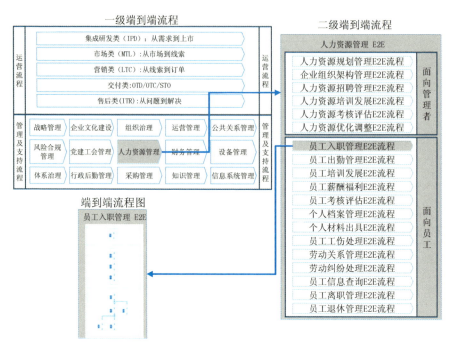

•图 3-47 管理及支持类端到端流程的架构图

析矩阵>和<能力需求分析矩阵>得到左侧的<端到端流程架构>。所谓"架构"就是到清单,即流程名称这一级别,也就是确定了企业应该有哪些<职能流程>和<端到端流程>。接下来就要绘制具体、可执行的流程图了。

如图左侧3-48所示,端到端流程图的绘制方法如下。端到端流程图不是画出来的,而是"拼"出来的!即<端到端流程>是由<职能流程>组装出来的。

所以,绘制端到端流程图的基本过程是先在<职能流程架构>中找到本<端到端流程>需要的"材料",即需要的<职能流程>,然后将这些<职能流程>前后串联起来,完成端到端流程图的绘制。如果发现"材料"有缺失,则首先应补上此<职能流程>,然后才能完成端到端流程图。

图3-49所示为一个比较形象的类比。右侧<职能流程架构>中的末级职能流程图就好比火车积木玩具中不同类型的轨道积木块,而<职能流程架构>就是对已有的轨道积木块进行分类,理清楚究竟有多少种不同类型的轨道积木块。左侧的端到端流程图则好比用轨道积木块搭建的各种类型的轨道,而流程的实际运转就好比在预设轨道上从起点站跑到终点站的火车。火车有多少条线路可以跑,取决于搭建了多少条轨道。

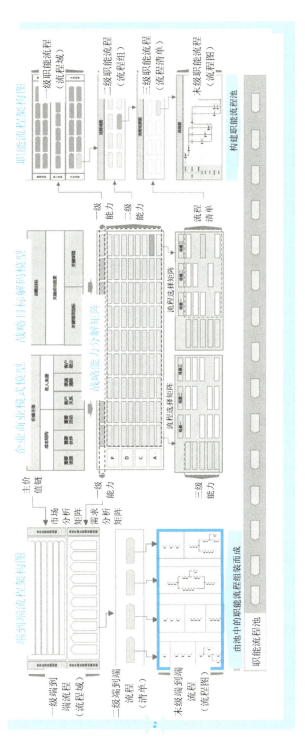

● 图 3-48 ＜端到端流程＞由＜职能流程＞组装而成

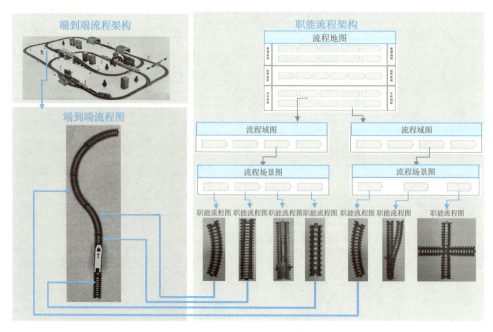

- 图 3-49 <端到端流程>是组装出来的

每一条线路都是为了满足某一类需求才搭建的，如果没有"从某地至某地"的需求，这一条线路就不用搭建，即<端到端流程>强调的是"需求"。而需求一定是有特定对象，若没有任何对象有此类需求，则相应的<端到端流程>就不需要构建。

搭建不同线路时，由于地形等原因，需要用到不同类型的轨道积木块，因此，是否可以搭建出一条特定的线路，取决于图 3-49 右侧所示的轨道积木块种类是否齐全。如果在搭建某条特定的线路时，发现现有的轨道积木块种类有缺失（企业现有的<职能流程>有缺失），无法完整构建一条线路来满足某一特定的需求，那么就需要补充轨道积木块的种类（增加一条相应的<职能流程>）。

另外，还有一个类似的特点，即不同种类的轨道积木块在不同的轨道中是可以复用的，在搭建不同的轨道时，可能会用到相同种类的轨道积木块。在火车积木玩具中，这体现在不同种类的轨道积木块有多少个，比如十字形的轨道积木块有两个，则在搭建轨道时可以在两个地方用到。而在<职能流程架构>中，则体现在某一条<职能流程>可以在不同的<端到端流程>中用到。<职能流程>被<端到端流程>采用的次数不像实体的积木块那样有限制，即可以无限次复用。但是，<职能流程>中对应的资源也是有限的。同一条<职能流程>被不同的<端到端流程>用到的次数越多，则该<职能流程>配备的资源消耗就越多，因此，这些资源可能就需要增加，否则在实际运营时，这一段<职能流程>可能支撑不了那么多<端到端流程>的调用和资源消耗。

企业构建的所有<端到端流程>，最终形成了图 3-49 左上角所示的<端到端流程架构>，也就是企业的实际运营体系。

接下来以博阳家居的<差旅费用报销端到端（E2E）流程>为例，看看<职能流程架构>和<端到端流程架构>的区别和关系。

图 3-50 和图 3-51 所示为与博阳家居<差旅费用报销端到端流程>相关的<职能流程架构>和<端到端流程架构>示例。这里有一点比较有迷惑性，即<职能流程架构>和<端到端流程架构>的一级分类都是<行政后勤管理>，这也是为什么很多企业在构建流程架构时，总有一种错觉，认为只用一套架构就可以解决问题。

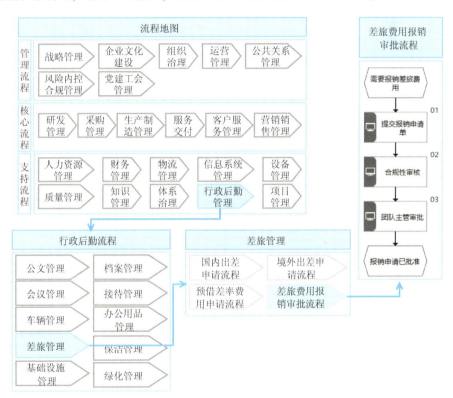

- 图 3-50　<职能流程架构>示例

对于面向市场和客户的运营类核心流程，<职能流程架构>和<端到端流程架构>的一级分类区别还是很明显的。但是，对于管理和支持类流程，其一级分类几乎是一样的。然而，往下展开，两者的区别还是非常明显的：对于<职能流程架构>而言，

图 3-51 ＜端到端流程架构＞示例

展开后关注的是这一分类下具体有哪些**事项**需要做;而对于<端到端流程架构>而言,展开后关注的是**需求**,即哪些需求属于这一分类,这些需求又是谁的需求。

例如,图 3-50 所示的<职能流程架构>中,<行政后勤管理-差旅管理>往下展开为四个<职能流程>,分别是<国内出差申请流程>、<境外出差申请流程>、<预借差旅费用申请流程>和<差旅费用报销审批流程>,即<差旅管理>究竟管理哪些事项,这些事项就是企业的<三级能力项>。总之,<职能流程架构>构建的是企业有哪些能力。

图 3-51 所示的<端到端流程架构>中,<行政后勤管理>往下展开为三条或更多面向员工的<端到端流程>,分别是<出差申请和报告 E2E 流程>、<差旅费用报销 E2E 流程>和<办公用品领用 E2E 流程>等,即端到端流程关注的是需求,具体来说就是关注"这是谁的什么需求",以及需求发起至需求满足(关闭)的全过程。

就<差旅费用报销 E2E 流程>而言,其需求是"需要报销差旅费用";谁需要?员工需要;需求发起点是什么?是出差完成后员工发起报销申请;需求满足(关闭)点是什么?是员工拿到钱,不是报销申请获得批准。

由于<差旅费用报销审批流程>这条<职能流程>完成后,只是报销申请获得批准,员工并没有拿到钱,所以还需要通过别的<职能流程>来完成<差旅费用报销 E2E 流程>的构建,直至员工拿到钱。给员工转钱的相关<职能流程>是属于<财务管理>这个流程域下的。这里就可以清晰看出<端到端流程>和<职能流程>的区别了,前者关注需求发起至需求满足(关闭)的全过程,而后者关注本职能下有哪些事项需要完成,即有哪些能力需要构建。

所以,也可以这样来理解<职能流程架构>和<端到端流程架构>的关系:通过一个或一组<职能流程>前后串联,以<端到端流程>的形式来满足企业内外部各类人员的各种需求。当然,前提是企业基于自身的<战略目标>和<商业模式>,认为应该满足这些需求。

2) 绘制规则:<职能流程>通过<触发关系>**串联和组装成**<端到端流程>。

图 3-52 左侧所示的<差旅费用报销端到端流程>是由右侧<职能流程架构>中的三条<职能流程>组装而成的,即在<职能流程架构>中找到了构成<差旅费用报销端到端流程>的"材料"。

- <差旅费用报销审批流程>。
- <月度资金支付计划流程>。
- <月度资金支付流程>。

其中,<月度资金支付计划流程>和<月度资金支付流程>属于<财务管理>流程域

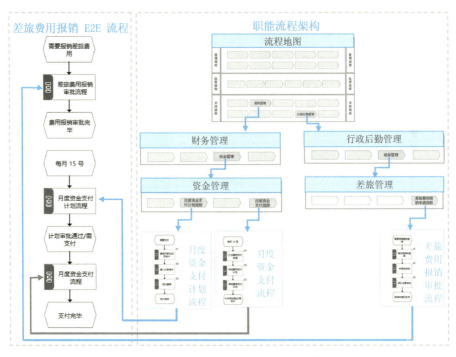

● 图 3-52 <差旅费用报销端到端流程>的组装

下的<资金管理>流程组，而<差旅费用报销审批流程>属于<行政后勤管理>流程域下的<差旅管理>流程组。因此，这三条职能流程是跨职能流程域和流程组的。

总之，博阳家居的<差旅费用报销端到端流程>是不同流程域和流程组下的三条<职能流程>组装而成的。

那么，如何组装？答案是基于**触发关系**进行组装，即一个前置<职能流程>连接一个后置<职能流程>的原因是前置<职能流程>的结束事件与后置<职能流程>的起始事件构成了直接触发关系，所以这两个<职能流程>形成了前后串联的关系，并成为某个<端到端流程>的一部分。即只有构成直接触发关系的两个<职能流程>才能前后串联在一起。

所谓"直接触发关系"就是一条<职能流程>的最后一个步骤完成后的结束事件，一定会直接触发后一<职能流程>的第一个步骤。在这种关系下，这两条<职能流程>就可以前后串联起来，构成一条由事件触发的活动链，也称为 EPC（事件驱动的流程链）。这里的"一定直接触发"是关键词。

如图 3-53 所示，博阳家居的<差旅费用报销端到端流程>中，<差旅费用报销审批流程>和<月度资金支付计划流程>这两条流程是否构成直接触发关系？

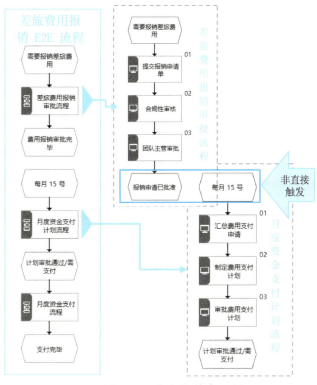

● 图 3-53 非直接触发示例

答案是否定的。

也就是说，<差旅费用报销审批流程>的最后一个步骤<团队主管审批>完成后，不会直接触发<月度资金支付计划流程>中的第一个步骤<汇总费用支付申请>，因为博阳家居设计的支付体系是一个月统一支付一次，而不是有一笔费用需要支付就马上单独支付一次。这里的<月度资金支付计划流程>中第一个步骤<汇总费用支付申请>是由时间触发的，即<每个月 15 号>触发<汇总费用支付申请>这个业务活动。

那么，图 3-54 所示博阳家居的<差旅费用报销端到端流程>中，<月度资金支付计划流程>和<月度资金支付流程>是否构成直接触发关系？

答案是肯定的，即<月度资金支付计划流程>的最后一个步骤<审批费用支付计划>完成后，一定会直接触发<月度资金支付流程>中的第一个步骤<确定付款方式及账户>。同时，博阳家居对于<月度资金支付计划流程>和<月度资金支付流程>这一段 EPC（事件驱动的流程链）还有一个 KPI 要求，即在月底最后一个工作日前必须完成，即 15 号开始汇总，月底前款项必须付出。

这里再给"触发"进行一个明确的定义。所谓"触发"就是启动某个业务活

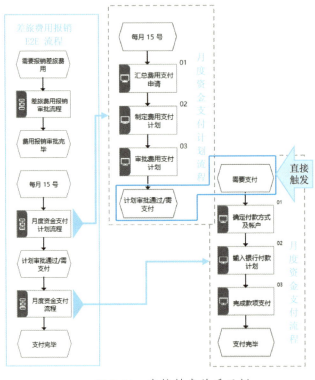

● 图 3-54　直接触发关系示例

动，在数字化流程平台中，就是生成此活动的待办事项，负责执行的人员可以看到此活动的待办事项，或者说负责执行人员接到了完成此项工作的任务。

再来看看图 3-55 左侧的<差旅费用报销端到端流程>，可以看到此端到端流程事实上分为两段 EPC（事件驱动的流程链），一段是<差旅费用报销审批流程>，另一段是<月度资金支付计划流程>和<月度资金支付流程>。

这两段 EPC 的运行频率和发起人是完全不同的。企业内部任何人员都可以按需发起<差旅费用报销审批流程>，一个月可以由不同的人发起运行很多次，发起运行的次数没有限制。而<月度资金支付计划流程>和<月度资金支付流程>这一段，是按时（每月 15 号）由预设人员发起的，不是所有人都可以发起，而且一个月只运行一次。所以，如果把这两段 EPC 强行串联在一起，就相当于把两段发起人和运行频率完全不同的 EPC 串联在一起，并且强行使得这些业务活动就像图 3-56 所示的"多米诺骨牌"一样，是前后关联的业务活动，同时只有一个发起点。这从逻辑上来说是根本讲不通的，也完全不符合事实。

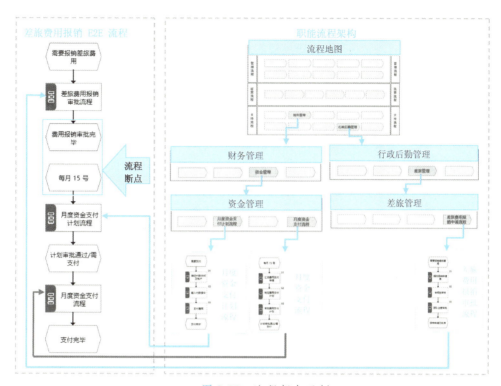

• 图 3-55 流程断点示例

• 图 3-56 触发关系示意图

总之，<差旅费用报销审批流程>和<月度资金支付计划流程>这两条<职能流程>间是断开的，没有直接串联在一起，没有直接触发关系。这种情况称为"端到端流程断点"。但是，由于这两条<职能流程>又是<差旅费用报销端到端流程>不可或缺的组成部分，所以也可以得出这样的结论：存在端到端流程断点的<端到端流程>不一定是错误的，或者说，<端到端流程>中的流程断点有时候是基于管理需要人为设置的。

这就好比在长江上建设的三峡大坝造成了长江通航的断点，船只从原来的直接畅通变成现在的通过船闸。那么，为什么要这样做？因为想要发电、防洪。

而博阳家居的<差旅费用报销端到端流程>为什么要人为设置断点？这是因为博阳家居的管理者需要更好地管理和控制现金流，或者说博阳家居的管理者认为现在没有能力随时支付差旅费用报销款，有计划地统一集中支付才是博阳家居现在具备的能力。

因此，<差旅费用报销端到端流程>这一案例还说明了另外一个问题，即端到端流程绩效的设定不完全取决于所面向对象的需求，而是"对象需求"和"企业管理需求"之间的平衡。比如，如果问员工："报销申请获得批准后 1 天内拿到钱和 1 个月内拿到钱，哪个更令员工满意？"，大概率 1 天内拿到钱的员工满意度更高。但是，企业并不这样做，为什么？因为企业当前的现金流管控能力可能达不到这一要求，平衡之后，管理者只能取后者。

那么，如果博阳家居的管理者认为企业具备随时支付差旅费用报销款的能力，也准备满足员工报销申请获得批准后 1 天内拿到钱的需求，<差旅费用报销端到端流程>又会是怎样的？

首先，应对这一需求来构建<差旅费用报销端到端流程>时，会发现现有的<职能流程架构>中找不到可以随时完成在线支付的<职能流程>，这说明企业现有的能力有缺失（见图 3-57），所以需要新建一个<差旅费用在线支付流程>。注意：这个流程的名称就说明博阳家居的管理者**只准备**针对差旅费用实现单笔随时支付，而不是所有费用。在构建此<职能流程>时管理者发现，增强博阳家居的信息化系统，才能实现随时在线支付。

图 3-58 所示为更新后的博阳家居<差旅费用报销端到端流程>。此时，员工的一笔报销审批通过后，直接调用<差旅费用在线支付流程>，系统自动判断是否超出部门预算，如果没有，则直接通过预设的银行账户转账给员工。

此时，另一个需求又产生了，即博阳家居预设了一个特定的银行账户，此账户上预留了一笔资金，所有报销款都自动从此账户直接转到员工个人账户，那么，此账户的资金余额就需要进行管控了。当此账户的资金余额小于某一阈值时，需要及

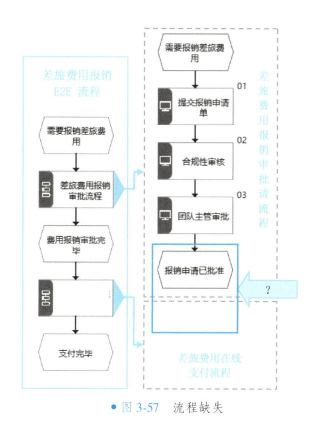

● 图 3-57　流程缺失

时发起一个补充资金的流程,这是另外一个端到端流程,而且是"指标触发"的端到端流程。

3)　<端到端流程>的错误构建方法:基于<输入输出关系>串联<职能流程>。

"如果一条<职能流程>的输出是另一条<职能流程>的输入,那么这两条<职能流程>应前后串联并成为某一条<端到端流程>的组成部分。"

以上这段话,乍一看可能觉得没有什么问题,甚至很有道理,大部分情况下大家就是这么认为的。然而,当你付诸实践时,又会常常一头雾水。在流程管理领域有不少这样似是而非的定义、方法或规则,造成管理者在构建企业流程管理体系时的困惑和迷茫。

基于<职能流程>间的输入输出关系来串联<职能流程>,是一种错误的<端到端流程>构建方法。

在业务流程管理体系中,输入输出关系通常反映的是信息流,同时伴随着人、财、物的流动。输入输出关系当然是重要的,是需要梳理、描述和优化设计的要素

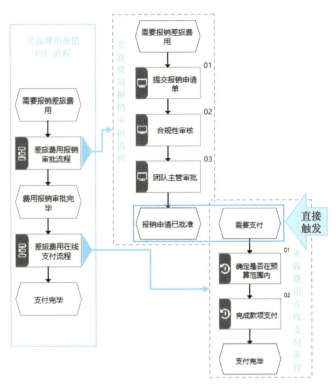

• 图 3-58 更新后的<差旅费用报销端到端流程>

流,但是,<职能流程>间的串联机制绝对不是信息流或者任何其他与输入输出相关的要素流。<职能流程>间的串联机制是"流程活动链",是由事件驱动的流程链。

事件驱动的流程链(Event-Driven-Process Chain,EPC)是德国流程管理大师希尔教授在20世纪90年代提出的,揭示了业务流程是事件驱动的活动链的本质。可以这样理解,活动流(链)是业务流程的主干,与之相匹配的输入输出则是伴随着活动流(链)的其他要素流,当然,从流程管理的角度来说,最重要的要素流是信息流。而所谓的"活动流(链)"就是事件驱动活动、活动驱动事件,所谓"驱动"就是"触发"。关于"触发关系",前面已经通过博阳家居的<差旅费用报销端到端流程>进行了详细说明,这里不再赘述。下面来说明一下,组装<端到端流程>时,为什么不能基于输入输出关系中的信息流来串联<职能流程>。

还是以博阳家居的<差旅费用报销端到端流程>为例。图 3-59 左侧所示为更新后的<差旅费用报销端到端流程>,即一笔报销审批通过后马上支付的端到端流程。前文已经说明,此时<差旅费用报销审批流程>和<差旅费用在线支付流程>之间是直接触发关系，所以这条端到端流程没有流程断点。<差旅费用在线支付流程>的第一个步骤是由系统自动完成<确定是否在预算范围内>，即该部门的差旅费用是否超出预算，如果超了，则需要退回走别的流程，如果没有超则直接触发下一个步骤，即<完成款项支付>。

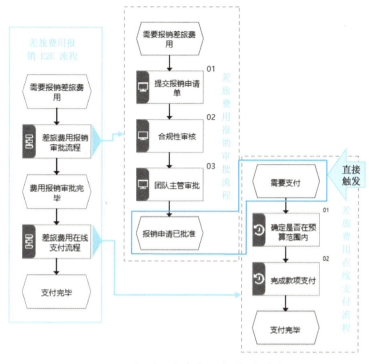

● 图 3-59　新的<差旅费用报销端到端流程>

上述是触发关系的逻辑。如果按输入输出关系中的信息流来串联<职能流程>，又会是什么情况？

如图 3-60 所示，如果分析输入输出关系中的信息流，会发现<差旅费用在线支付流程>的第一个步骤<确定是否在预算范围内>的输入信息有两项。

1）前一职能流程<差旅费用报销审批流程>的最后一个步骤<团队主管审批>的输出：《差旅费用报销单》。

2）另一职能流程<部门年度预算审批流程>的输出：《部门年度预算》。

这很容易理解，不知道各部门的预算有多少，就无法判断是否超预算。其实，这个步骤还有一些输入信息，比如：各部门已经用了多少预算；如果超预算了，走另外的流程追加了预算，追加的预算是多少，也是本步骤的输入信息。为了简化起

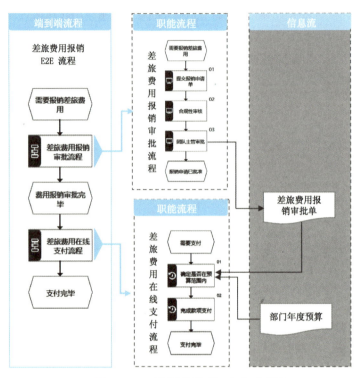

• 图 3-60 ＜端到端流程＞中的信息流

见，这两项输入就先不讨论了。后续在流程信息断点的梳理和优化中会专门说明。这里先认为这个步骤只有上述两项输入信息。此时，如果按照"如果一条＜职能流程＞的输出是另一条＜职能流程＞的输入，那么这两条＜职能流程＞应前后串联并成为某一条＜端到端流程＞的组成部分"这条规则处理，那么就需要将＜部门年度预算审批流程＞作为＜差旅费用报销审批流程＞的前置流程串联起来了。

但是，伴随输入输出关系的信息流往往是一环扣一环的。比如，＜部门年度预算审批流程＞难道就没有输入吗？当然是有的，如图 3-61 所示，＜部门年度工作计划编制流程＞的输出《部门年度工作计划》是＜部门年度预算审批流程＞的输入。这是很常见的，《部门年度工作计划》中详细描述了下一年的工作计划及与之相匹配的部门预算申请，而＜部门年度预算审批流程＞基于此进行审批。那么，还是按"如果一条＜职能流程＞的输出是另一条＜职能流程＞的输入，那么这两条＜职能流程＞应前后串联并成为某一条＜端到端流程＞的组成部分"这条规则处理，现在又需要将＜部门年度工作计划编制流程＞作为＜部门年度预算审批流程＞的前置流程串联起来了。

于是得到了图 3-61 右侧所示的博阳家居＜差旅费用报销端到端流程＞。

第3章
战略赋能：基于战略模型赋能企业

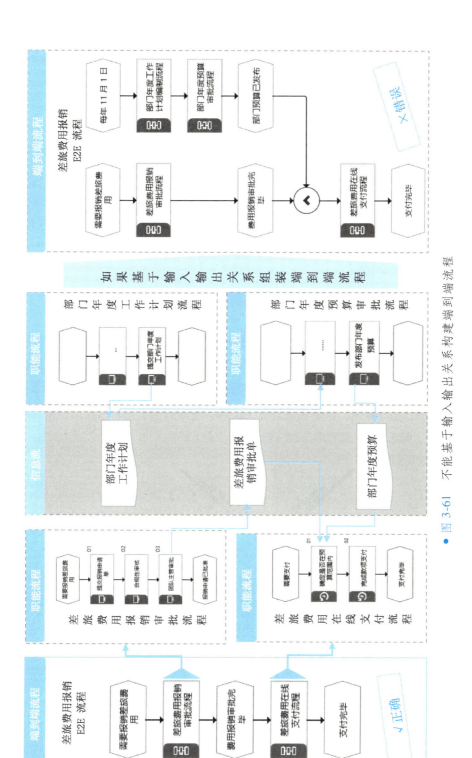

图 3-61 不能基于输入输出关系构建端到端流程

那么，<部门年度工作计划编制流程>有来自其他<职能流程>的输入吗？如果有，继续串联吗？还有，<差旅费用报销审批流程>有输入吗？如果有，也串联吗？按这个逻辑继续下去，将画出一张巨大的网络图。另外，这样的流程还能称之为<差旅费用报销端到端流程>吗？单独审视图3-61右侧<部门年度工作计划编制流程><部门年度预算审批流程><差旅费用在线支付流程>这一流程链路，如果不属于<差旅费用报销端到端流程>，那又能属于哪一条<端到端流程>？如果这一流程链路不属于任何<端到端流程>，那还有存在价值吗？

总之，伴随着<职能流程>间输入输出关系的信息流、人流、物流、资金流这些要素流对于流程管理体系而言是非常重要的，必须进行梳理、分析和优化。但是，伴随输入输出关系的要素流绝对不是<职能流程>前后串联的根据，<职能流程>前后串联的根据是触发关系。

3.1.3 二维流程架构

如前所述，EBPM方法论认为企业应该有两套独立的流程架构，即<职能流程架构>和<端到端流程架构>，也就是所谓的"二维流程架构"，如图3-62所示。两套架构之间的关联逻辑是<端到端流程>由<职能流程>构成。一个企业的运营体系本质上就是一套分工协作体系，按职能进行分工，具体表现在基于职能构建组织架构和<职能流程>，然后再按<端到端流程>进行协同工作。

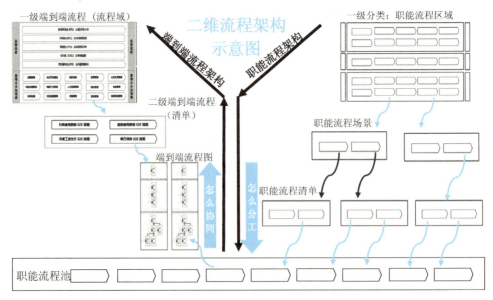

• 图3-62 二维流程架构

3.2 职责赋能：基于战略模型赋能企业的途径之二

本书 1.3 节曾介绍过，企业需要哪些能力，取决于企业的战略目标和商业模式，而企业基于战略的赋能途径主要是两条：一是通过职责体系赋能，二是通过流程体系赋能。3.1 节重点介绍了流程赋能的方法，这也是企业最重要的赋能途径。本节介绍一下"职责赋能"这一途径。

"职责"是承接"业务能力"而来的，针对每一项"末级业务能力（业务事项）"都应构建至少一个对应的<职责条款>对象。当然，如果需要的话，构建多个也是可以的。换句话说，"职责"对"能力"应实现全覆盖。

3.2.1 职责架构的构建

1. 用<职责选择矩阵>构建职责架构

在<战略能力分解矩阵>的基础上，利用图 3-63 所示的<职责选择矩阵>，针对每一个<二级能力项>，通过事项细分的方法可以解析出<三级能力项>（一般就是末级能力项），在图 3-63 所示的模型中，针对<战略能力分解矩阵>中的每一个对象，即每一个<二级能力项>，都可以往下展开得到一个<职责选择矩阵>。<职责选择矩阵>的纵向维度决定了<三级能力项>有多少，从而完成了一、二、三级<能力架构>的构建；其横向维度则决定了每一个<三级能力项>可以基于细分场景解析出多少<职责项>。

<职责选择矩阵>与<流程选择矩阵>非常相似，纵向都是<三级能力项>，横向都是业务场景。区别在于，<流程选择矩阵>横向基于业务场景展开时使用强调管理痕迹的原则，即一定要有管理痕迹，而<职责选择矩阵>横向基于业务场景展开时，并不强调必须存在管理痕迹。

一个<三级能力项>如果通过职责赋能，就是构建一个<职责条款>，然后将此<职责条款>赋予某个岗位、组织单元或角色。

图 3-64 展示了战略-能力-职责及<职能流程>之间的分解和对应关系。一个<三级流程（流程名称）>往下展开是<职能流程图>，而一个<职责项>往下展开则是<职责条款>。

2. 用<RASCI 职责分配矩阵>构建<职责条款>

<RASCI 职责分配矩阵>用来对一个<职责项>进行解析，其基本逻辑是认为履行

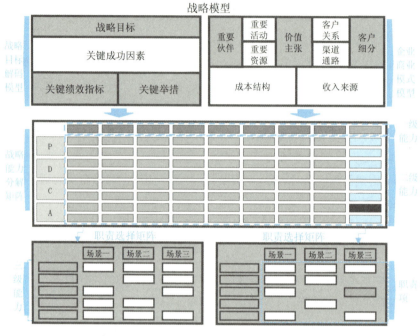

- 图 3-63 战略-能力-职责分解模型

此项"职责"需要多个"角色"协同工作，用<RASCI 职责分配矩阵>给不同"角色"分配相应的"职责"。

所谓 RASCI 就是将履行"职责"的"角色"分为五个类别，其具体含义如下。

- R（Responsible）：负责执行和完成任务并达成目标。
- A（Accountable）：负责决策、决定、批准或下达任务。
- S（Support）：负责协助"R"完成任务。
- C（Consulted）：负责提出意见或建议。
- I（Informed）：负责收集、传递或接收信息。

需要指出的是，不是所有<职责项>往下展开都要为这五类"角色"构建和分配"职责条款"。每一个<职责项>往下展开至少应构建一个 R 类的<职责条款>，即负责完成本<职责项>的 R 类角色是一定会有的，其他类别的<职责条款>则根据管理需要进行构建。

图 3-65 所示为二级能力<质量异常及不合格品处理>的<职责选择矩阵>及职责项<不合格品处理>往下展开的<RASCI 职责分配矩阵>，在<RASCI 职责分配矩阵>中构建了涉及全部五类角色的七项<职责条款>。

第 3 章
战略赋能：基于战略模型赋能企业

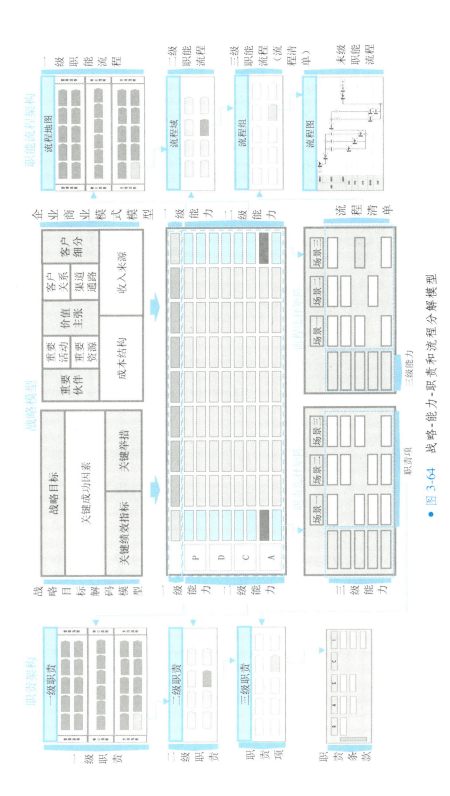

图 3-64 战略-能力-职责和流程分解模型

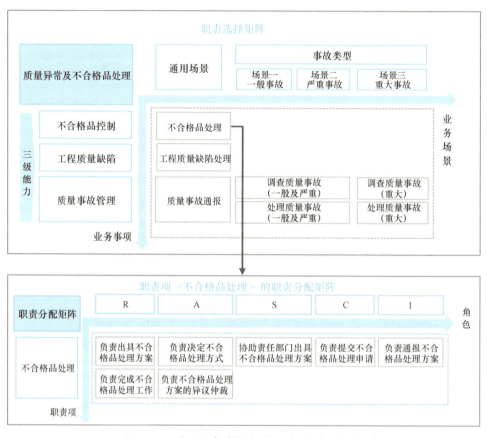

- 图 3-65　从<职责选择矩阵>到<职责分配矩阵>

3. <职责架构>及其呈现方式

图 3-66 所示为<能力架构>与<职责架构>关系示意图,其中,"一级职责""二级职责"与"一级能力""二级能力"是完全对应的,而"三级职责"就是<职责选择矩阵>中的<职责项>。<职责项>再往下展开是末级<职责条款>,这些<职责条款>以<RASCI 职责分配矩阵>的形式展现。

图 3-67 所示为<职责架构>分层分级的架构图展示方式,也是最常用的一种展示方式。

第 3 章
战略赋能：基于战略模型赋能企业

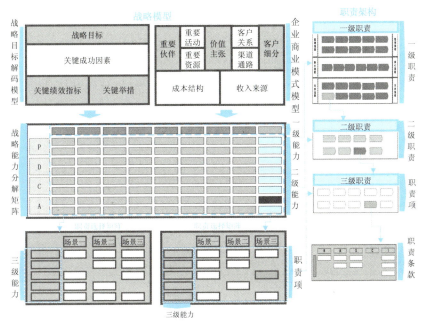

- 图 3-66 战略-能力模型与职责架构的关系

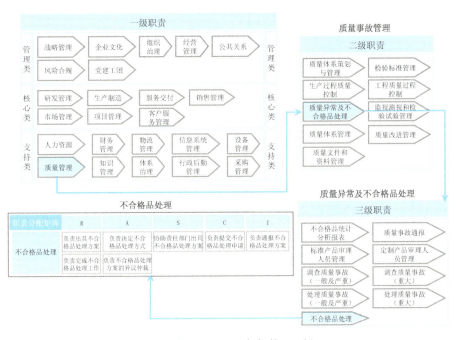

- 图 3-67 <职责架构>示例

3.2.2 职责赋能的途径

1. 职责赋能的规则

如图3-68所示,如果将某一<职责条款>赋予某<岗位>或者<组织单元>,那么此<岗位>或者<组织单元>上有人就职后,企业就具备了这项能力。另外,也可以将某一<职责条款>赋予某<角色>,有人承担了这个<角色>后,企业就具备了这项能力。

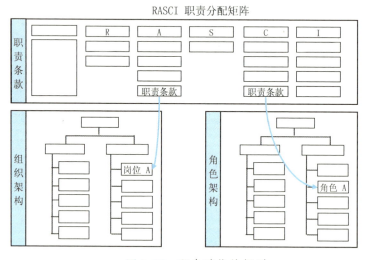

● 图3-68 职责赋能的规则

这是比较简捷也很粗放的赋能形式,该项能力的强弱完全取决于此<岗位>或<角色>上人的能力。当然,如果此<岗位>或<角色>上的人能胜任,这就是最为简洁有效的赋能途径。

需要特别指出的是,RASCI是角色类别,不是具体的角色。<职责条款>赋予的<角色>是一个具体的<角色>,不是角色类别,这一点不要混淆。

还有,一个<职责条款>要么赋予<岗位>或<组织单元>,要么赋予<角色>,EBPM方法论不建议同时赋予两者,以免造成不一致和混乱。

2. 职责赋能示例

如图3-69所示,将<负责完成不合格品的处理工作>这个<职责条款>赋予<质量总监>这个岗位,那么此岗位上的人就应完成此项工作,企业也就具备了此项任务的交付能力。只不过,这项能力与人关系密切,人的能力强弱直接决定了企业这项能力的强弱。

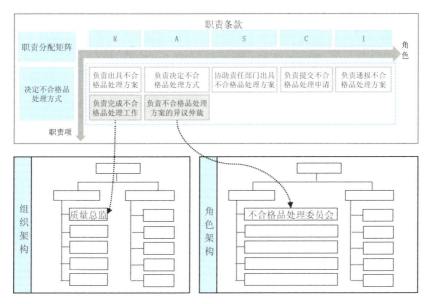

● 图 3-69 职责赋能示例

另外，<负责不合格品处理方案的异议仲裁>这个<职责条款>不适合直接赋予<岗位>或<组织单元>，不然可能要赋予很多<岗位>或者经常修改，而赋予<不合格品处理委员会>这个角色，再将组织对象（比如岗位）与角色关联就比较合理了。

第 4 章 战略管理：用数字化模型管理战略

所谓"战略管理的数字化转型"，就是构建基于数字化战略模型的"数字孪生"闭环。

4.1 战略建模：构建数字化的战略模型

将企业的战略规划从文本变成可进行数字化管理的模型，这是实现战略管理数字化转型的关键一步。只有构建了一套模型，才能基于模型进行执行、监控和优化分析。如果战略都在 Word、PPT、Excel 中进行文本化描述，那么战略的数字化管理也就无从谈起了。本书第 2 章已详尽描述了战略建模的方法。

4.2 战略监控：基于数字化模型监控战略

4.2.1 数字化监控：监控<战略目标解码模型>

1. 通过<关键绩效指标>监控<关键成功因素>

如图 4-1 所示，<战略目标解码模型>中的<关键成功因素>是战略监控的一个重要维度。通常会将<关键成功因素>归类到财务、客户、内部流程、学习成长四个维度中，这样就可以直接生成一张企业战略目标管理层面的<平衡计分卡>，并用于监控战略目标的实现情况。

在<战略目标解码模型>中，所有<关键成功因素>都制定了可衡量的绩效指标，如图 4-1 中<关键成功因素>左侧标红，说明此<关键成功因素>的衡量指标没有达标，标绿则说明已达标。如图 4-2 所示，<关键成功因素：商用市场快速优质交付能力>有<大型楼盘交付周期小于 10 个月><中型楼盘交付周期小于 6 个月><小型楼盘交付周期小于 4 个月>三个衡量指标，那么，这三个<关键绩效指标>就需要进行监控：

必须明确设定取数和计算的方案，定期更新数据，以衡量此<关键成功因素>的实时状况。

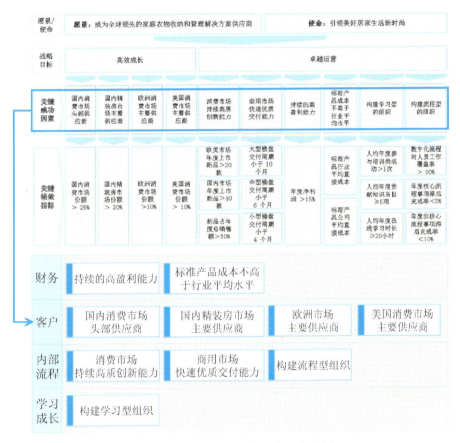

- 图 4-1 <战略目标>的监控逻辑

2. 通过赋能流程监控<关键举措>

<战略目标解码模型>中的<关键成功因素>通常都会制定相应的<关键举措>，而每一项<关键举措>也会设定相应的衡量指标。而<关键举措>是通过<项目管理流程><系统实施流程><专项工作管理流程><员工培训流程>等相关使能流程来落地实施的。所以，将赋能流程和绩效指标监控起来，就可以实现对<关键举措>的监控，如图 4-3 所示。

如图 4-4 所示，每一项<关键成功因素>展开后都应可以监控相应<关键举措>的实施进展和相应绩效。

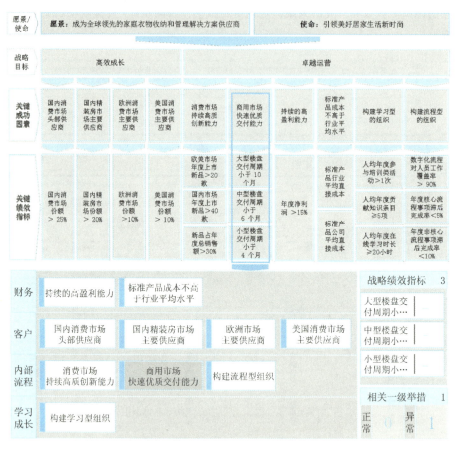

● 图 4-2　监控<关键成功因素>

4.2.2　数字化监控：监控<能力架构>

<战略能力分解矩阵>是战略数字化监控的又一个重要维度。图 4-5 所示为博阳家居的<战略（业务）能力监控平台>，矩阵中展示的是一级、二级能力项，由于往下展开的<三级能力项>都会落实到<职能流程>和相关<绩效指标>，所以流程相关业务活动的运行情况以及相关绩效的达成情况就是能力监控平台关注的主要内容。

基于构建"数字孪生"闭环的技术路线，在完成<战略能力分解矩阵>后，接下来就是从数据平台及实际运行系统取数，然后将这些数据返回到<战略能力分解矩阵模型>上，让静态的模型动起来，从而实现对企业战略的数字化监控和优化分析。

第 4 章
战略管理：用数字化模型管理战略

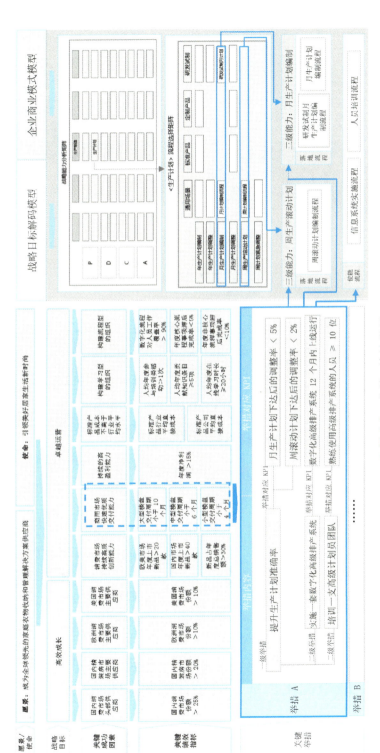

● 图 4-3 监控〈关键举措〉

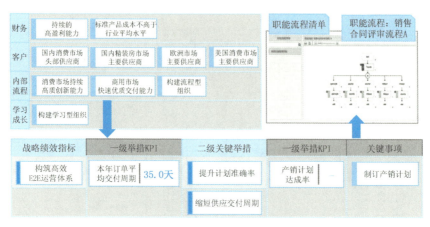

● 图 4-4　监控<关键举措>

● 图 4-5　监控<能力架构>

4.3　战略优化：基于数字化模型调整战略

企业面临的内外部环境一直在不断变化，所以企业的战略也需要应变化而不断

第 4 章
战略管理：用数字化模型管理战略

调整。构建战略管理的"数字孪生"闭环，就是为了对战略实现的过程进行监控，并针对各类问题制定相应的举措来确保战略的实现。

战略模型主要由<商业模式-能力架构><战略目标解码-能力架构>这两组模型构成，因此战略监控主要也是监控这两组模型，并根据监控的情况进行优化调整。优化调整什么？还是<商业模式-能力架构><战略目标解码-能力架构>这两组模型。

对于<战略目标解码-能力架构>这组模型，通过采集绩效来监控战略目标的达成进展，并基于最新情况制定、落实和管理新的举措，从而纠偏保航，全力促成战略目标的达成。

对于<商业模式-能力架构>这组模型，通过采集绩效来监控商业模式的运转状况，发现能力的薄弱点，并制定、落实和管理新的举措，增强能力弱项，补强短板，全力促成战略目标的实现。

流程篇：

业务流程的数字化转型和优化

第 5 章 承接战略,构建"连得通""转得动""精益化"的数字化流程

5.1 消除断点:确保流程"连得通""转得动"

5.1.1 流程断点的识别和消除

流程断点是指一条端到端流程中事件驱动的流程链或者事件触发的活动链的断点,可分为职能流程间的断点和流程步骤间的断点两种类型。

1. 职能流程间的断点

本书 3.1.2 节中已说明,端到端流程是基于直接触发关系将<职能流程>组装而成的。所谓"直接触发关系"就是一条<职能流程>的最后一个步骤完成后所产生的结束事件,一定会直接触发后一<职能流程>的第一个步骤。那么这两条<职能流程>就可以前后串联起来,构成一条由事件触发的活动链,也称为 EPC(事件驱动的流程链)。

前文曾经介绍过一个<差旅费用报销端到端流程>(见图 3-56),其中,<差旅费用报销审批流程>的最后一个步骤<团队主管审批>完成后,不会直接触发<月度资金支付计划流程>的第一个步骤<汇总费用支付申请>,所以<差旅费用报销审批流程>结束后,<月度资金支付计划流程>不会马上启动,而且<月度资金支付计划流程>是否启动本质上与<差旅费用报销审批流程>没有关系,而是与时间有关,到了每个月的 15 日就启动。因此,EBPM 方法论认为,在<差旅费用报销端到端流程>中,<差旅费用报销审批流程>和<月度资金支付计划流程>这两条<职能流程>间存在流程断点,即这两条流程虽然是同一条<端到端流程>的组成部分,但是没有构成一条事件触发的活动链。

第 3 章也有过说明,端到端流程中的流程断点不一定是错误的,有时甚至是从管理角度刻意为之的,比如这条<差旅费用报销端到端流程>。

第 5 章
承接战略，构建"连得通""转得动""精益化"的数字化流程

流程模型"该断要断，该连要连"在数字化时代显得尤其重要，因为数字化的流程引擎会基于模型自动派发任务，如果没有将流程断点理清楚，那么流程运行时就会状况频出。

以图 5-1 中的<差旅费用报销端到端流程>为例，如果强行将<差旅费用报销审批流程>的最后一个步骤<团队主管审批>和<月度资金支付计划流程>的第一个步骤<汇总费用支付申请>连起来，那么在数字化平台运行时，当张三提交一次报销申请并且<团队主管审批>完成后，财务人员马上就会收到一个<汇总费用支付申请>的待办事项。如果这个任务有完成时限的要求，比如设定为两个工作日内完成，那么两天后这个财务人员会有一个滞后任务的提示。但是，<汇总费用支付申请>这项工作对于此财务人员来说，是每个月 15 日开始 17 日前完成的一项工作，并不是天天要做的事。另外，就这一份报销申请而言，也没什么好汇总的。

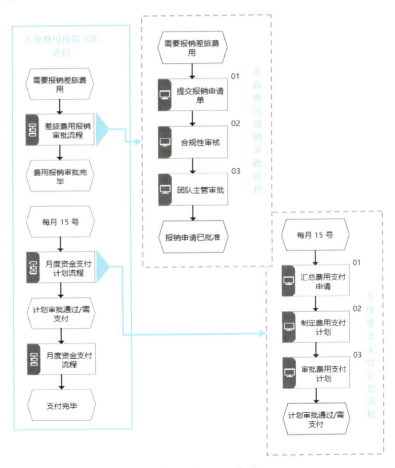

● 图 5-1 流程断点

更为严重的是，当一个月内有 100、1000 个人提交了报销申请且都完成了<团队主管审批>，相关财务人员就会收到 100、1000 个<汇总费用支付申请>待办事项，如果真是这样，估计相关人员会很忙。

2. 流程步骤间的断点

同样，在一条<职能流程>内，一个流程步骤与另一个流程步骤之所以构成前后串联的两个步骤，也是因为前一个流程步骤完成后产生的事件一定会直接触发后一个流程步骤。如果前后串联的两个流程步骤间不存在直接触发关系，那么这两个步骤间就存在流程断点。

仍以图 5-1 所示的<差旅费用报销端到端流程>为例，在<差旅费用报销审批流程>中，<提交报销申请>、<合规性审核>和<团队主管审批>这三个活动之所以构成前后串联的三个流程步骤，是因为<提交报销申请>完成后，一定会直接触发<合规性审核>这个业务活动；同样，<合规性审核>完成后，一定会直接触发<团队主管审批>这个业务活动。本质上，是活动完成所产生的事件触发了后一个活动，只是在没有分叉路径的情况下，绘制流程图时不再逐一画出事件图符而已。反过来说，如果<提交报销申请>、<合规性审核>和<团队主管审批>这三个活动间不存在直接触发关系，那么即使它们存在于同一条<职能流程>中，也不应该连起来构成前后串联的流程路径。

流程步骤间的流程断点通常是很难发现的，绘图人一般都会将流程图上的所有步骤都用线连上，而不会分析这些步骤间是否真的存在直接触发关系。但是在数字化时代，当数字化流程引擎基于模型自动派发任务时，所有这些问题就"原形毕露"了。

图 5-2 所示为博阳家居<不合格品控制流程>的片段，粗看这段流程的逻辑似乎没什么问题，但是，严格按照"事件触发的活动链"来检查的话，图中箭头所示的三个步骤间就有点问题了。设计部门<步骤 05：出具最终处理决定>完成后会产生两个事件，一个是<有异议>，一个是<无异议>，<有异议>时直接触发<步骤 06：不合格品审理委员会仲裁>，<无异议>时直接触发<步骤 07：确认处理意见>。

这个流程片断最大的问题是，设计部门完成<步骤 05：出具最终处理决定>这个活动后真的会产生<有异议><无异议>两个事件吗？设计部门自己出具决定，同时会自己认为有异议吗？显然，这两个事件不是<步骤 05：出具最终处理决定>这个活动完成后产生的事件，而是其他流程步骤产生的。而<步骤 05：出具最终处理决定>这个活动产生的事件是<最终决定已出具>，这个事件不会直接触发<步骤 06：不合格品审理委员会仲裁>或<步骤 07：确认处理意见>中的任何一个流程步骤。显然，这部分流程步骤间是存在流程断点的。

再分析<步骤 06：不合格品审理委员会仲裁>和<步骤 07：确认处理意见>这两

第 5 章
承接战略，构建"连得通""转得动""精益化"的数字化流程

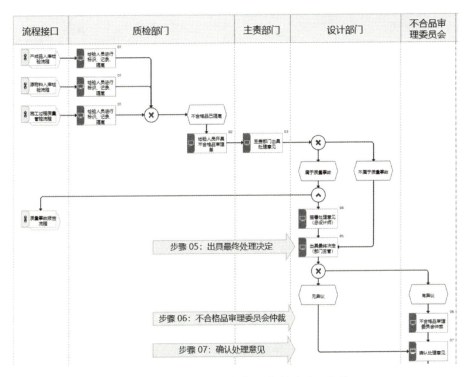

● 图 5-2 原<不合格品控制流程>片段

个步骤间的直接触发关系，同样发现不可能是不合格品审理委员会自己出具仲裁结果、自己来确认，这两个步骤间也不存在直接触发关系。

综上所述，<步骤05：出具最终处理决定><步骤06：不合格品审理委员会仲裁><步骤07：确认处理意见>这三个流程步骤间存在流程断点。

深入分析后可以发现，其实是这三个步骤的先后关系和泳道位置有问题，改成图 5-3 所示流程路径后，这三个步骤就存在直接触发关系了，本职能流程中流程步骤间的流程断点也就消除了。

3. 流程断点的消除

消除流程断点的方法主要有以下两种。

1）如果是因为缺失职能流程或者流程步骤而导致的，补上相应的职能流程或者流程步骤。

2）如果是因为职能流程或流程步骤间的直接触发关系逻辑错乱而导致的，则重新梳理和设置触发关系。

另外，消除职能流程间的流程断点时，<流程接口>是一个很重要的建模方法。

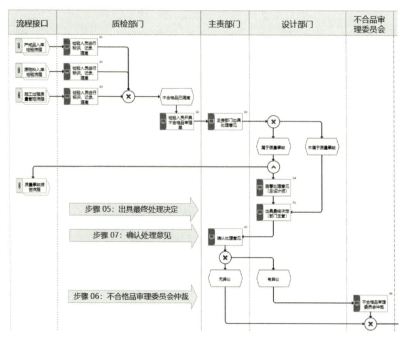

- 图 5-3　消除流程断点后的<不合格品控制流程>片段

图 5-4 所示为前文提到过多次的<差旅费用报销端到端流程>，其中，<月度资金

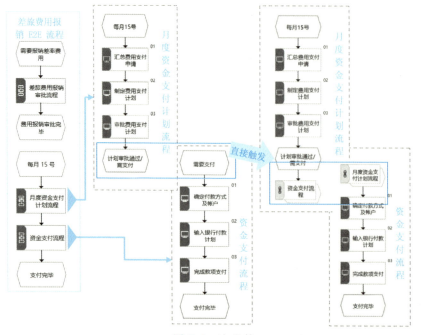

- 图 5-4　流程接口

支付计划流程>和<资金支付流程>是有直接触发关系的前后串联的两个<职能流程>。在数字化的<端到端流程>模型中，前后串联的流程是通过<流程接口>来表述的。<月度资金支付计划流程>的结束事件连接了一个后置的<流程接口：资金支付流程>，而<资金支付流程>有一个前置的<流程接口：月度资金支付计划流程>。

图 5-5 所示为<差旅费用报销端到端流程>构建完成后的模型示例。右下角<资金支付流程>有多个前置接口，那是因为这个<职能流程>被多个<端到端流程>用到，<职能流程>中的前后置<流程接口>是 "<端到端流程>由<职能流程>组装而成" 这个规则的模型化体现。

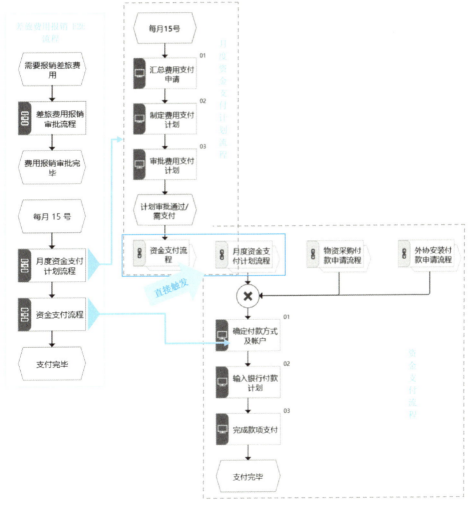

- 图 5-5 多个前置<流程接口>

图 5-5 中的<资金支付流程>没有图 5-6 所示的<开始事件>，有和没有这个<开始事件>有什么区别吗？当然有！

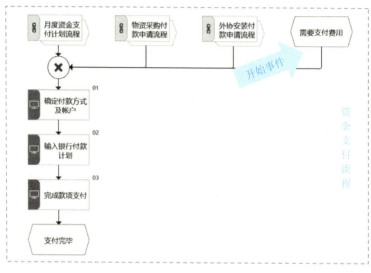

- 图 5-6   <流程接口>和<开始事件>

没有<需要支付费用>这个开始<事件>，说明<资金支付流程>不会被单独触发，这一条职能流程一定是由不同的前置职能流程触发的。

如果有<需要支付费用>这个<开始事件>，则说明<资金支付流程>可以被单独直接发起，发起后的第一个步骤就是<确定付款方式及账户>。一般来说，这种情况在实际业务活动中是不存在的，对于企业来说，没有无缘无故的付款。所以，在博阳家居实际的<资金支付流程>中，是像图 5-5 中那样，没有<需要支付费用>这样一个<开始事件>的。

上述示例也说明了另一个问题，即职能流程不一定是可直接发起的流程。因此，"职能流程第一个步骤的完成人就是流程发起人"这个逻辑也是不成立的。博阳家居的<资金支付流程>就是不可以直接发起、只能被前置流程触发的流程。<资金支付流程>中第一个步骤的完成人更不是流程的发起人。

5.1.2   信息断点的识别和消除

信息断点即信息流的断点，由于信息流与业务活动密切相关，所以信息断点需要基于业务活动进行梳理和判断。信息断点主要有两种表现形式：①没有完整标识输入输出；②输入信息来源不明。

1. 信息断点：没有完整标识

如果一个流程步骤应该输入的信息没有标识，或者应该输出的信息没有标识，那么这个流程步骤就存在信息断点。

仍以<差旅费用报销端到端流程>为例。大家已经知道，<差旅费用报销审批流程>和<月度资金支付计划流程>之间存在流程断点。那么，这两条<职能流程>的流程步骤是否存在信息断点？这必须结合每个流程步骤来进行分析。如图 5-7 中所示，这两条<职能流程>中有三份承载信息的文件在流转，分别是《差旅费用报销单》《月度费用汇总表》《月度资金支付计划表》。流程模型描述了每一个步骤的输入、输出项，这些输入、输出项构成了信息流。

在图 5-7 中，<差旅费用报销审批流程>的<步骤 02：合规性审核>中，只描述了《差旅费用报销单》是此步骤的输出项，没有表明《差旅费用报销单》是输入项，

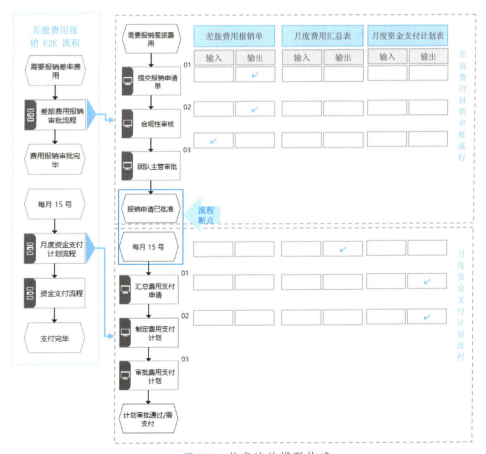

• 图 5-7　信息流的模型构建

很显然,如果本步骤没有收到<步骤01:提交报销申请>输出的《差旅费用报销单》,是不可能完成审核的,也不可能输出审核后的《差旅费用报销单》。这就是"该输入的没标识",属于信息断点的第一种情况。

基于此逻辑,按步骤去分析,如图5-8所示,这两条<职能流程>中存在着五个"该输入没标识或该输出没标识"的信息断点。

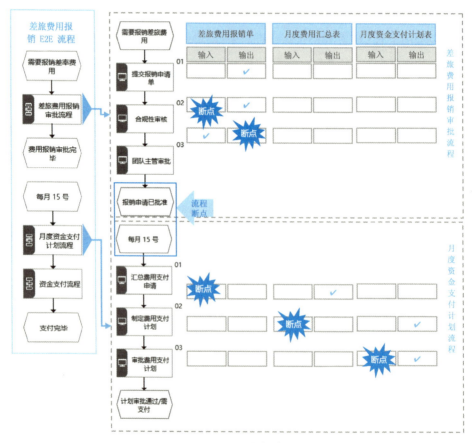

• 图 5-8 信息断点示例

图5-9所示为消除所有信息断点后《差旅费用报销单》《月度费用汇总表》《月度资金支付计划表》这三份管理记录在两条<职能流程>中的输入输出关系。

按上述规则来检视企业现有的流程图,信息断点往往到处都是。虽然管理者一般都会强调必须标识输入输出,但在人工绘图时,完整标识输入输出确实比较烦琐,所以流程设计者会自行决定哪儿标、哪儿不标,给自己的一个理由是:"重要的环节和重要的输入输出都标了"。

第 5 章
承接战略，构建"连得通""转得动""精益化"的数字化流程

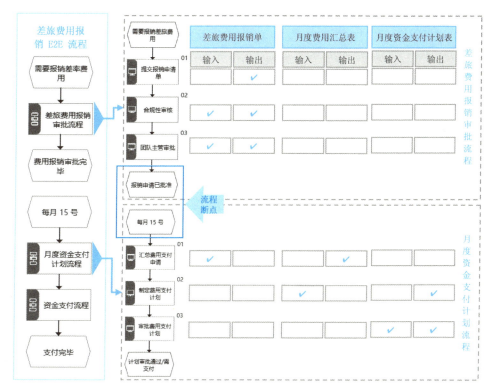

● 图 5-9　消除信息断点

图 5-10 所示为完整标识输入输出（即信息流）的流程图，人工绘图时，很难要求流程设计者完全做到，但是，只要有一处未标识，流程图中的信息流就是断的。在数字化时代，流程图不再是绘制而是建模，通过要素关联的方式来构建模型，客观上提升了完整标识输入输出的可操作性。

还有一点需要特别指出，很多企业要求流程设计者按图 5-10 中所示的那样，直接在流程路径图上完整标识输入输出，这经常会导致图面内容太过庞杂。这也是人工绘图时无法完整标识输入输出的一个重要原因。因此，构建流程模型时，输入输出项应作为管理要素与流程步骤关联，而不是直接标识在流程路径图上。

当然，没有完整标识不仅是因为操作烦琐，没有识别出输入或输出的信息也是一个很重要的原因。

2. 信息断点：　输入信息来源不明

如果一个流程步骤的输入信息没有明确的来源，那么这个流程步骤就存在信息断点。

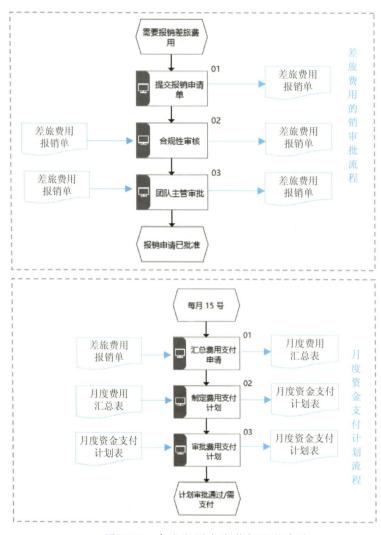

● 图 5-10 在流程图上完整标识信息流

如图 5-11 所示，<月度资金支付计划流程>的<步骤 01：汇总费用支付申请>还有一项管理要求，汇总时财务人员还应检查一下申请支付部门已发生费用总额是否超过了该部门的年度预算，如果超过了，则不应纳入汇总额，应退回本次申请，由相应部门另行走<超支费用支付申请流程>。此时，<步骤 01：汇总费用支付申请>就会增加一项输入信息：<部门年度预算表>。原因也很简单：不知道部门的预算是多少，就不可能判断是否超预算。

第 5 章
承接战略,构建"连得通""转得动""精益化"的数字化流程

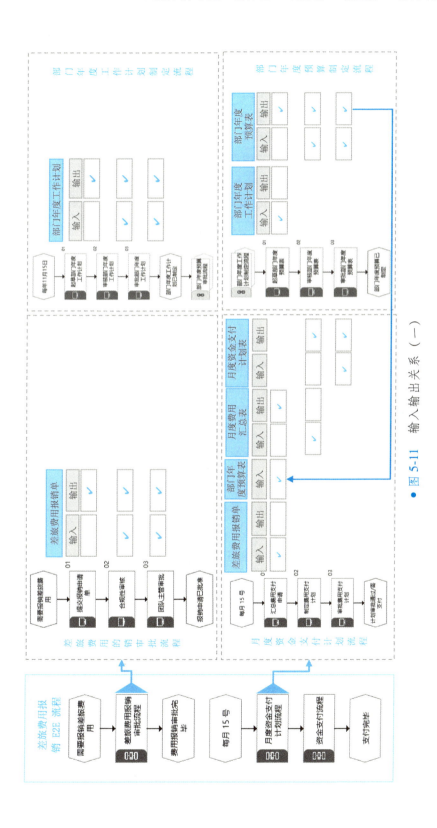

• 图 5-11 输入输出关系(一)

这时可能会出现另一种信息断点，即"输入信息来源不明"。虽然在<步骤 01：汇总费用支付申请>上已明确标识<部门年度预算表>是输入信息，从"输入输出完整标识"的角度已不存在信息断点，但在实际情况中，由于<部门年度预算表>不是这两条<职能流程>的某个步骤输出的，所以其来源还须进一步明确。以下两种情况都属于因"输入信息来源不明"导致的信息断点。

- 在所有<职能流程>中没有找到任何一个流程步骤输出<部门年度预算表>。此时，除非该表是来自企业外部的信息，不然就属于因"输入信息来源不明"导致的信息断点。或许有人会问，虽然<部门年度预算表>没有找到相应的流程，但找到了<管理记录>，这样不行吗？信息找到了，那还算不算存在信息断点？就 EBPM 方法论来说，这种情况是不可能存在的，因为所有留下管理痕迹的业务活动都应纳入流程管理中，即都应有所属的<职能流程>，如果只有<管理记录>，而没有所属的<职能流程>，那就是存在流程缺失，必须补上。

- 找到了输出<部门年度预算表>的流程步骤，但这一步骤的输出明显不能作为步骤 01 的输入。如图 5-12 所示，虽然找到了输出<部门年度预算表>的流程步骤，但该步骤是<起草部门年度预算表>。很显然，该步骤的输出不应是<步骤 01：汇总费用支付申请>的输入。造成这种情况的原因是<部门年度预算制定流程>中存在因输入输出没有完整标识导致的信息断点。

3. 信息断点的消除

有人可能会有这样的疑问，虽然现有流程图中有大量信息断点，但流程不是正常运转？

流程在转是事实，是否运转良好就另当别论了。

有大量信息断点的流程之所以正常运转，那是因为流程执行者有三大法宝："脑补"、"打听"和"试试"。执行者会自行"脑补"应该输入输出什么，不确定的话可以去问用过此流程的人，再不行就把流程跑起来试试看，跑不下去就知道缺什么了。

人们的办事流程常常被退回，要求补材料，这正是因为输入没有标识完整。

因此，有大量信息断点的流程虽然在转，但其实运转得并不流畅。

数字化的建模技术给"完整标识输入输出"和"清晰识别信息来源"提供了全新的方法，使之不但可能，而且高效。更为重要的是，在流程执行阶段，各种信息识别和传递技术让信息流变得前所未有地流畅和高效。比如，"输入信息来源不明"

第 5 章
承接战略,构建"连得通""转得动""精益化"的数字化流程

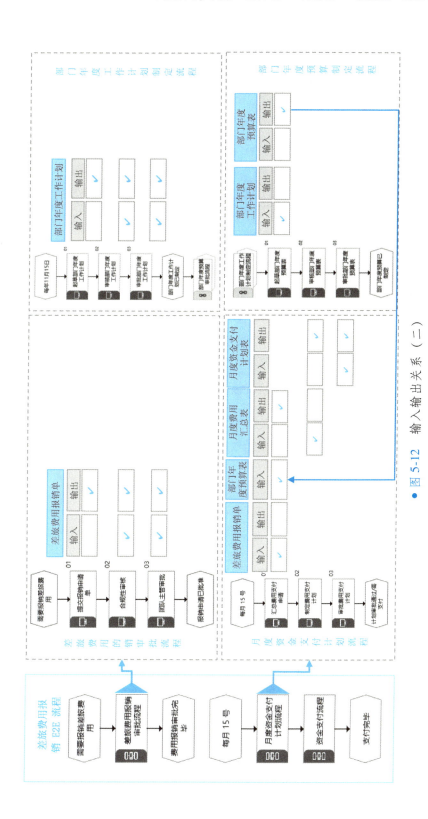

图 5-12 输入输出关系(二)

导致的流程断点就完全可以基于数字化模型进行自动查找。图 5-13 所示即查看《备件仓库台账》这个管理记录的所有"职能流程"中的输入输出信息，定位其源输出。

- 图 5-13　输入输出关系（三）

5.1.3　组织断点的识别和消除

如果一个流程步骤没有明确规定负责完成的人，EBPM 方法论就认为这个流程步骤存在组织断点，也就是说端到端流程中的组织断点是针对一个具体流程步骤而言的，而且细化到具体的人。

那么，为什么称为"组织断点"，而不是"人员断点"？如图 5-14 所示，流程步

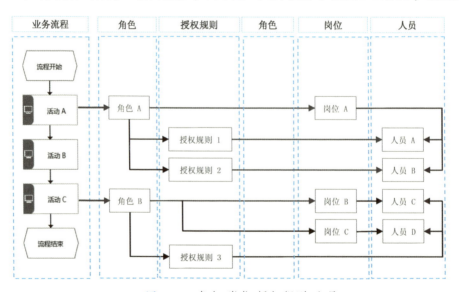

- 图 5-14　角色-岗位-授权规则-人员

骤往往是通过<角色-岗位-授权规则-人员>模型来规定负责完成人员的，而"岗位"是其中一个很重要的组织类管理要素。所以，这类断点 EBPM 方法论称之为"组织断点"。只要实质的内涵没有变化，称之为"人员断点"也未尝不可。

图 5-15 中，<活动 A>、<活动 B>和<活动 C>都没有落实到具体的人，所以都存在组织断点，而<活动 D>由于只关联了一个<角色>、一个<岗位>，而这个<岗位>中只有一个人，所以<活动 D>的实例任务一旦产生就由张三来完成，这个规则是明确的。总之，因为<活动 D>的任何实例任务都能落实到具体的负责人，所以<活动 D>没有组织断点。

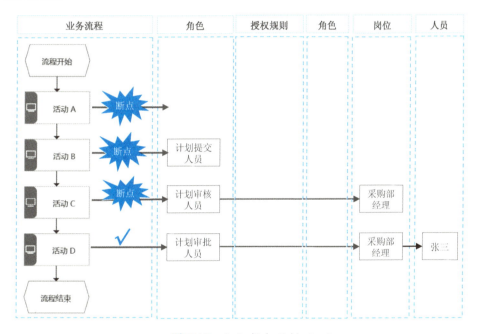

● 图 5-15　组织断点示例（一）

图 5-16 中，<活动 A>没有落实到具体的人，所以存在组织断点。但<活动 B>落实到具体的人了，为什么还是有组织断点？这是因为<活动 B>落实到了不止一个人。因此，还需要进一步明确究竟是"任何一个实例任务这些人都可以完成，谁完成都可以"，还是"每一个实例任务只能从这些人中选择一位来完成"。

<活动 D>通过<授权规则：上一步骤完成人所属部门的主管>明确了<角色-岗位-规则-人员>所关联的两个人员的选择规则。每一个实例任务都基于规则从这两个人员中选择唯一的一位来负责完成，这样确保了每一个实例任务都可以落实到具体的人员，因此<活动 D>不存在组织断点。

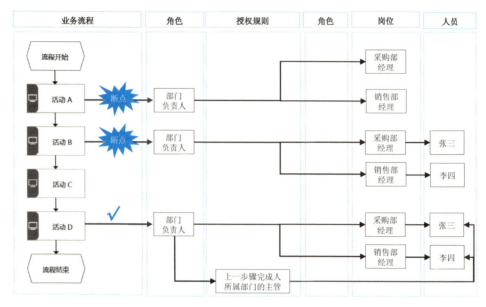

• 图 5-16 组织断点示例（二）

图 5-17 中，<活动 D>中的<授权规则>也可以是<共同完成>。这是什么意思？就是<活动 D>这项任务同时派发给张三和李四，他们同时收到此待办事项。两人都可以提交完成此待办事项，其中任何一个人提交完成了，<活动 D>就算完成了。这

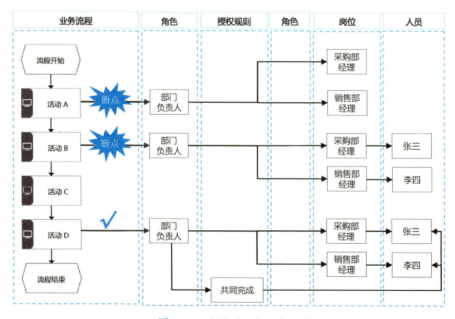

• 图 5-17 授权规则：共同完成

种情况自然也不存在组织断点。

图 5-18 中，<活动 D>中的<授权规则>是<由上一步骤完成人选择本步骤的完成人>，就是由<活动 C>的完成人在提交完成时从张三和李四中选择一位来完成<活动 D>，他选谁，谁就负责完成。这种情况也不存在组织断点，因为<活动 D>还是可以基于规则确认具体完成人的，只不过这个规则是<由上一步骤完成人选择本步骤的完成人>而已。

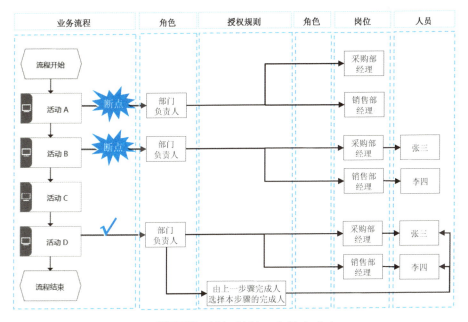

- 图 5-18 授权规则：选择完成人

组织断点在企业现有的流程图中同样是大量存在的，又会带来什么问题呢？

是的，同信息断点类似，在企业现有的流程图中，能按上述逻辑严谨描述流程步骤完成人的少之又少。那为什么似乎没有造成大的问题？因为执行者又会使用"脑补"、"打听"和"试试"三大法宝来消除这些断点。

比如，下一步骤仅描述为由<主管领导>或者<相关部门>这个角色来完成，那么本步骤的完成人就会自己"脑补"谁是<主管领导>，或者<相关部门>是指哪个部门的哪个人。如果"脑补"不出来，可以"打听"，然后可以"试试"，试着找张三来完成，张三说不是他该做的，那再找李四，最后总能找一个完成人，实在找不到，就向自己的主管反映和求助，接下来，主管再来一轮"脑补"、"打听"或"试试"。

在企业内部，常常会听到这样的说法："没有必要也不可能描述得这么细，业务人员一般自己都知道该找谁的。"

如果您认同上述观点和做法，那么组织断点不消除也罢。但是，不管您认不认同上述观点和做法，当企业致力于流程的数字化转型时，组织断点就必须消除，不然，在数字化的流程中，您会切实感受到什么叫"断点"，因为流程每运行一步，都会停下来请"人"来选择或决定下一步骤的完成人，不选就不能往下运行。此时，就又要来一轮"脑补"、"打听"或"试试"。

当前，很多企业内部的审批流程都会在 OA 系统中运行，流程设计者所绘制的审批相关流程图中也有大量组织断点，但在 OA 系统中之所以能够运行，也是因为 IT 人员通过调研人为补上了相关规则。也就是说，同一条流程的内容，一部分在图中体现，一部分在 OA 系统中设置。

消除组织断点的方法就是确保每一个与流程步骤关联的<角色>都明确了如何落实到"人"的规则。

本书 6.3.3 节专门介绍<角色人员授权表>的构建方法，这个模型就是专门用来消除组织断点的。

5.1.4 系统断点的识别和消除

系统断点指两个前后串联的<业务活动（流程步骤）>是在不同信息系统中完成的，且这两个系统间没有接口完成信息的自动传递。

在一条<端到端流程>中，前后串联的两个<业务活动（流程步骤）>会在两种情况下出现：一种是前后串联的两个<职能流程>的最后一个步骤和第一个步骤；另一种是同一条<职能流程>中前后串联的两个步骤。所以，这两种情况都需要检查是否存在系统断点。

需要指出的是，不是存在系统断点流程就跑不下去了。但是，存在系统断点的两个<业务活动（流程步骤）>间需要人工重复录入信息，从而会导致信息不一致和流程运行迟滞，严重时甚至会造成管理混乱。

1. <职能流程>间的系统断点

图 5-19 所示为博阳家居的国内分包型房产市场批量定制化业务<订单至收款（OTC）>端到端流程的一个片断。其中，<销售合同录入流程（CRM）><产品改造设计流程（PLM）><订单产品设计流程（PLM）><销售订单录入流程（ERP）>在 CRM、ERP、PLM 三套系统中运行，如果这三套系统之间没有构建系统接口，而是靠人工输入来传递信息，那么这四条<职能流程>之间就存在着系统断点。

事实上，博阳家居这四条<职能流程>间确实没有构建系统接口，只是靠人工输

第 5 章
承接战略，构建"连得通""转得动""精益化"的数字化流程

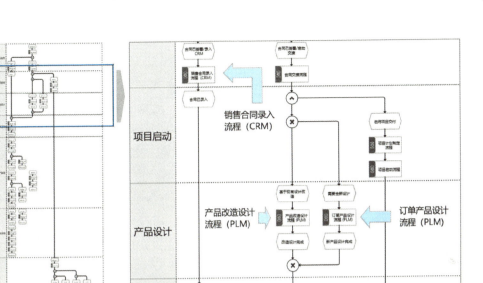

- 图 5-19 <职能流程>间的系统断点示例

入的方式进行信息传递。<销售合同录入流程（CRM）>是将已签署的纸质合同扫描上传，并将验收、付款等关键性条款进行录入，以便于后续管理。<产品改造设计流程（PLM）><订单产品设计流程（PLM）>基于合同要求完成定制产品的设计。

<销售订单录入流程（ERP）>比较特别，由于面向房产市场的衣柜都是客户化定制的，具体尺寸和要求都不一样，所以在博阳家居的 ERP 系统中没有预设的产品编码和物料清单（BOM）。所谓"销售订单录入"，就是基于每一个合同在 ERP 系统中新建一个或多个产成品编码（SKU），并针对新建的产成品编码在 ERP 系统中构建对应的物料清单。物料清单的详细信息来自<产品改造设计流程（PLM）><订单产品设计流程（PLM）>的输出。只有通过<销售订单录入流程（ERP）>在 ERP 系统中完成了产成品编码和 BOM 的构建，接下来才有可能将此合同的产品纳入 ERP 的生产、采购、运输模块进行计划和执行。而这一切，现在都是由人工录入的。

这样有问题吗？有！

最容易想到的问题是，<销售订单录入流程（ERP）>需要时间来完成，从而使流程周期变长，进而导致交货期变长。另外，人工录入容易发生错误，导致返工、材料不配套等问题。这两点在博阳家居都发生过。

但是，还有更严重的问题。

博阳家居的设计部门有多个团队可以同时为多个合同进行设计，不同楼盘的规模和产品要求是不同的，设计的复杂程度也不同，所以，不是先签的合同就一定能先完成设计。换句话说，不是先签的合同就一定先启动<销售订单录入流程（ERP）>。这一点似乎没有问题，而恰恰是这一点，造成了本端到端流程中一个很大的管理漏洞。负责录入的人员往往会在差不多的时间点收到多个设计团队完成的设计稿，他们可以人为决定先录入哪个合同的设计稿。比如，先录入比较容易的，或者与某位销售人员关系好，就先录入此销售人员的合同。

在 2.3.3 节讲解<战略目标解码模型>时，曾提到过<商用市场优质交付能力>是博阳家居设定的一个<关键成功因素>，与之相对应，<订单交付周期>是一个关键绩效指标，也是考核各团队，尤其是销售团队的一个重要指标。于是，在博阳家居常常发生某些销售人员私下请录入人员为其插队优先录入销售订单的情况，<销售订单录入流程（ERP）>莫名变成了整条<订单至收款（OTC）>端到端流程中的关键节点，有时会直接导致某个合同延期交货。

当这个问题通过端到端流程系统断点的梳理暴露出来时，博阳家居负责供应链的副总在震惊之余又啼笑皆非。

2. 流程步骤间的系统断点

图 5-20 所示为博阳家居<不合格品控制流程>的片段。其中的<步骤 02：出具不合格品审理单>和<步骤 03：出具处理意见>是前后串联的两个步骤，但分别在 ERP 和 OA 系统中完成，这两个步骤间没有开发系统接口，而是靠人工传递信息。因此，这两个步骤间存在的系统断点。

实际操作中，相关人员是从 ERP 中导出<不合格品审理单>，然后在 OA 中发起相应的流程，步骤 03~步骤 06 都是在 OA 中流转的。

另外，<步骤 06：确定处理意见><步骤 07：不合格品审理委员会仲裁>这两个步骤的下一活动<步骤 08：返工、返修、让步、降级使用>或<步骤 09：报废、返回供方>又回到了 ERP 系统，这两个步骤是在 ERP 系统的同一界面上对不合格品进行不同的处理，即步骤 06、07 到步骤 08、09 又由 OA 系统回到了 ERP 系统。

实际操作中，步骤 08、09 的执行人在 OA 系统中看到<步骤 06：确定处理意见>或<步骤 07：不合格品审理委员会仲裁>的抄送信息后，需要自己意识到可以走下一步了，然后回到 ERP，打开相应的<不合格品审理单>界面，完成相关的操作。

综上所述，流程步骤间的系统断点会导致如下的问题：①下一步骤没有及时被发起，导致流程周期变长；②人工导出、导入信息，容易发生错误，从而导致流程运行出现错误。

第 5 章
承接战略,构建"连得通""转得动""精益化"的数字化流程

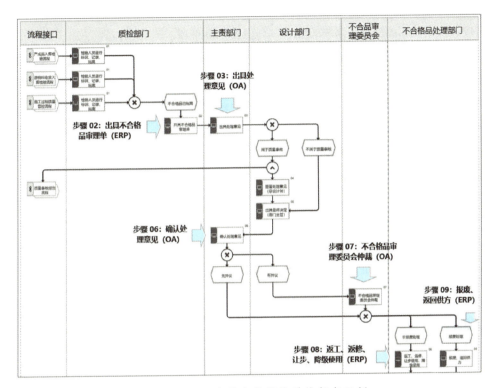

● 图 5-20　流程步骤间的系统断点示例

3. 系统断点的消除

系统断点与系统相关,消除系统断点自然也应从系统入手。最根本的方法就是通过数字化技术来完成信息的自动传递和下一流程步骤的自动触发。

(1)通过数字化技术完成信息的自动传递

开发接口是消除系统断点的根本方法,但是,如果企业内部的信息化系统很多,"系统孤岛"现象就会比较严重,系统断点可能到处都是。通过点对点开发接口来消除系统断点不是不可行,但绝对不应是主要的方法。打造"数据中台"或者"数据总线"是数字化时代消除系统断点的主流解决方案。

另外,用"流程机器人(RPA)"技术来消除系统断点,构建系统间"非侵入式"的轻量级接口,也是一种很有价值的数字化解决方案。关于"流程机器人(RPA)",本书 7.1 节有专门的介绍。

(2)通过数字化技术完成下一步骤的自动触发

通过系统接口自动传递信息是较易理解和实现的,而下一步骤的自动触发,则

不是那么容易实现的，通常也不被重视。由于很多功能性系统没有内置的流程引擎，所以这些系统不能触发业务活动，也不能派发待办事项。

解决此问题的方法是将功能系统与数字化的流程引擎进行对接，由数字化的流程引擎来派发任务，执行人通过待办事项进入功能性系统完成相关工作。以图 5-20 所示<不合格品控制流程>的步骤 06、07 到步骤 08、09 为例，由于是从 OA 系统回到没有内置流程引擎的 ERP 系统，所以在 ERP 系统中的下一流程步骤需要执行人自己意识到，即下一步骤的触发，是靠执行人的"自我意识"，是靠"人"。但是，也可以在流程运行系统中派发一个待办事项给执行人，执行人可以通过待办事项跳转到 ERP 中的<不合格品审理单>界面完成操作，这就是所谓的将功能系统与数字化的流程引擎进行对接。当然，要实现这样的工作场景，一般的 OA 系统是做不到的，还需要借助新一代的数字化流程平台，其与 OA 最大的区别是可以由数字化的业务模型直接驱动，而不是在 OA 系统中重新构建一次流程模型。

5.2　消除冗余：数字化流程的极简主义风格

如图 5-21 所示，EBPM 方法论强调以业务流程为纽带，关联各类管理要素，构建一套结构化、一体化和精益化的企业管理体系模型。但是，EBPM 方法论同时也强调，在达成管理目标的前提下，管理要素应该是越少越好。

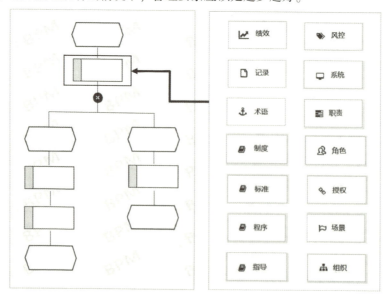

● 图 5-21　流程及流程步骤上关联的要素

5.2.1 流程步骤的精益化

ESIA 是传统的流程步骤优化分析方法，在数字化时代仍然是流程步骤精益化分析的主要方法。

- 消除（Eliminate）：主要针对多余环节、过度控制、时间过长等现象进行消除。
- 简化（Simplify）：主要针对环节耗用时间、环节处理过程、表单无用信息进行简化。
- 整合（Integrate）：主要针对流程环节进行整合，对信息数据进行集成。
- 自动化（Automate）：主要针对数据收集、传输、分析等工作采用信息化手段。

在进行 ESIA 处理时，RPA（流程机器人）、AI（人工智能）等新一代的数字化技术提供了更为强大的技术支撑和各种新的可能。

5.2.2 审批环节的精益化

企业管理某种意义上来说是一种平衡的科学，比如管控体系，管理者就常有"一放就混乱，一管就僵化"的感觉。如何在两者之间找到一个平衡点，最大限度地提升企业运营效率，同时又能有效管控运营中的各类风险，这才是管控体系优化的真谛。

博阳家居管理者觉得当前管控环节太多，影响了企业运行效率和竞争力，提出减少 10% 审批节点的流程优化要求。那么，该如何开展此项工作？梳理和构建企业流程的数字化模型是第一步，也是关键的一步。有了数字化流程模型，接下来的审批节点优化工作将会展现出数字化时代令人耳目一新的效果。

1. 基于动词自动获取审批环节，理清"分母"

审批环节减少 10%，那首先就需要搞清楚当前有多少审批环节，即减少量的分母是多少，不然这个 10% 就无从谈起了。

要搞清楚当前有多少审批环节，则需要明确什么是审批环节？是流程步骤中有"审批"两个字的吗？<部门经理审核><批准采购申请><核准费用预算>这些步骤是审批环节吗？事实上，"审批"是泛指流程中的各种管控节点，属于审批环节的流程步骤是含有某一组动词的流程步骤。当然，企业也可以明确审批环节就是指含有"审批"和"审核"两个动词的流程步骤。

关于动词的使用规范，属于流程步骤的命名规则。企业需要在数字化平台中定义含有哪些动词的流程步骤属于审批环节。明确了审批环节的定义，数字化平台可以基于流程模型从所有流程步骤中自动捕获审批环节，理清楚当前有多少审批环节。这个数值也是审批环节减少 10% 这项工作的分母。

2. 自动筛查和优化要素缺失的审批环节

对于任何属于审批环节的流程步骤来说，输入、输出、责任角色、责任岗位或人及授权规则这五项要素是最为重要的。其中，输入、输出、责任角色、责任岗位或人这四项要素是必须明确的，而授权规则取决于此审批环节责任角色中分配的责任岗位或人是一个还是多个，如果是多个，则还必须加上授权规则这个要素，以确保这个审批环节的权力和责任已落实到人，即没有所谓的组织断点。任何审批环节如果无法明确上述五项要素，那么这个审批环节就是画在流程图中也是没有意义的，因为根本无法执行，这种无法执行的审批环节自然是可以优化掉的，因为本身就是"纸上谈兵"而已。

总之，所有审批环节要么补齐这五项要素，要么直接去掉，这是基于 EBPM 方法论开展"审批环节减少 10%"工作时动的"第一刀"。当然，数字化平台可以自动查找这些要素缺失的审批环节，并且不允许有缺失环节的流程发布执行。

3. 理清楚所有审批环节的管控目的

即基于管理体系模型自动按岗位生成审批环节清单，也就是将每个岗位负责的所有审批环节出具一份清单。基于这份清单，请相关岗位的人针对每一个审批环节回答两个问题。

- 审什么。比如，关于<审批设备采购申请>有多个环节，每个环节的人员都要回答自己的这个环节是在审必要性、合规性、经济性、技术参数，还是别的什么内容。
- 审的依据是什么。即审核或审批人员要回答此环节审的依据是某项规章制度、技术标准、个人的经验知识还是其他。

博阳家居对 400 多个审批环节进行了这样的调研和梳理，发现有相当一批审批环节，相关岗位的人员都说不出在审什么。一个有趣的现象是，很多审批环节就是企业一把手自己执行的，当请他本人回答"审什么"和"审核的依据是什么"这两个问题时，有些活动他也答不上来。似乎按此逻辑这些审批环节都应精简掉，但是企业的一把手提出了不同的观点。他认为，按职责、权限分工或者业务逻辑推导，这些环节确实不一定非要他本人参与审批和决策，但是，将他本人放在审批的最后一个环节，前面相关审核环节的严格程度和效率就会不同。当前阶段，有些事项对于企业运营来说是非常重要的，这些事项将一把手放在最后一个环节进行审批会提升流程的整体效率和质量，能避免出现重大的风险。

最终，博阳家居对大部分不知道"审什么"或者"审的依据是什么"的流程步骤都进行了精简，保留了一小部分不知道"审什么"的环节。EBPM 方法论认为，精简掉的那部分属于管理的科学性范畴，而保留的那部分就属于管理的艺术性范畴，即这部分内容不是按 EBPM 方法论可以分析或推导出来的。说得再直白一点，如果基于 EBPM 方法论出具一份管理体系的分析报告，所有这些不知道"审什么"或者"审核依据是什么"的环节都会被列入应该精简的清单中，这是科学性的分析，但是，由于企业管理既有科学性的一面，也有艺术性的一面，所以在某些情况下，有些环节还应该保留，这需要管理者进行人工分析和决策。EBPM 方法论无法基于艺术性的一面给出哪些环节应该被保留的建议。

5.2.3 流程角色的精益化

EBPM 方法论认为企业管理体系中的"角色"对应一个或一组"业务活动"，并代表一个或一组"业务权力"。相同的"角色"从事相同的"业务活动"，拥有相同的"业务权力"。一组"业务活动"也可以只有一个"业务活动"，即一个"角色"对应一个"业务活动"也是可以的。

例如，图 5-22 所示的三条职能流程中有三个角色 A、B、C，所负责的业务活动如下。

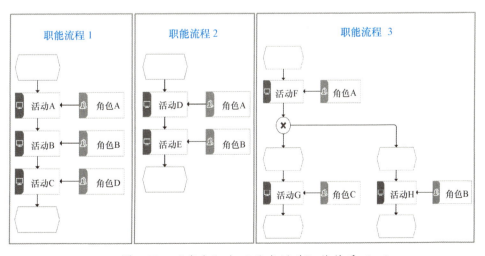

• 图 5-22 "角色"与"业务活动"的关系（一）

- 角色 A：负责执行<职能流程 1：活动 A><职能流程 2：活动 D><职能流程 3：活动 F>三个职能流程的三个业务活动。
- 角色 B：负责执行<职能流程 1：活动 B><职能流程 2：活动 E><职能流程 3：活动 H>三个职能流程的三个业务活动。
- 角色 C：负责执行<职能流程 3：活动 G>一个职能流程的一个业务活动。

也就是说，如果某个人，比如张三，承担了<角色 A>，那么他就要参与三条职能流程，负责完成三个业务活动。同理，如果李四承担了<角色 C>，那么他只参与一条职能流程，负责执行<职能流程 3：活动 G>一个业务活动。

在进行流程图绘制时，"角色"这个要素经常给管理者带来困惑。最主要的问题是"角色"的颗粒度究竟如何。"角色"为什么是一个而不是两个？其背后的规则是什么？有时，"角色"名称与组织架构中的"部门"或者"岗位"的名称是一样的，有时又不一样。有时梳理出的"角色"成千上万，究竟该不该合并？如果要合并，又该如何提炼？

EBPM 方法论认为，企业的角色体系由两部分构成。

一部分是企业引入某些自成一体的管理体系时引入的角色体系，比如 ISO 9000 质量体系中明确规定企业必须由高级管理者来承担"质量代表"这个角色，因此只要引入了 ISO 9000 体系，企业的角色体系中就必然会增加"质量代表"这个角色。可以认为这些角色是自上而下构建的。

另一部分"角色"，也是占比较大的那部分，是在构建职能流程过程中梳理出来的，可以认为是自下而上构建的。接下来重点讨论一下这部分"角色"。

在图 5-23 所示的<生产设备采购申请流程><生产设备大修申请流程>两条职能流程中，可以看到每一步骤都构建了一个"角色"。事实上，职能流程中的"角色"也有其标准的命名方式，即业务对象+动词+人。比如：设备大修申请人；费用报销申请人。用标准命名方式命名的流程"角色"称为"角色标准名称"。

当然，如果流程中的"角色"都按上述方法来构建，即一个流程步骤构建一个"角色"，"角色"名称都采用角色标准名称，那么后果就是"角色"数量极其庞大，而且构建的角色体系似乎没有什么意义了。于是，如何提炼"角色"就成为流程梳理中一个很重要的课题。

EBPM 方法论认为，对于"角色"的完整理解，应该加上"岗位"或者"人员"。是到"岗位"还是"人员"取决于"角色"分配的颗粒度，但是，最终还是

第 5 章 承接战略，构建"连得通""转得动""精益化"的数字化流程

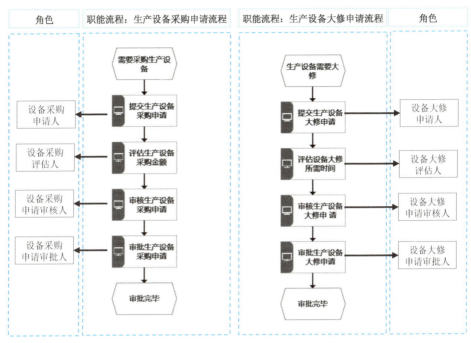

● 图 5-23 "角色"与"业务活动"的关系（二）

要落实到人的。当然，在数字化时代，也有可能落实到流程机器人（RPA）或者信息化系统。接下来以落实到人这个细度对"角色"的本质进行剖析。

图 5-24 所示的<生产设备采购申请流程>中揭示了"角色"的一个重要特点，即

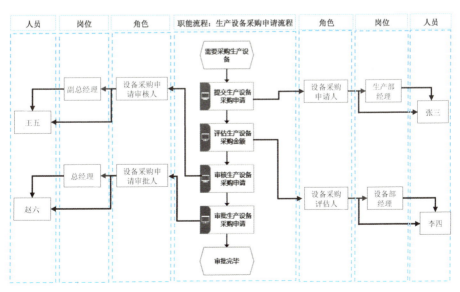

● 图 5-24 <生产设备采购申请流程>的"角色"构建

"角色"可以通过"岗位"关联到"人员",也可以直接关联到"人员"。从根本上说,可以认为"角色"是关联"业务活动"和"人员"的桥梁,是"流程"和"组织"的耦合点。

其中,如果按一个流程步骤构建一个"角色","角色"名称都采用角色标准名称的构建方法,可以得到四个角色,分别如下。

- 设备采购申请人。
- 设备采购评估人。
- 设备采购审核人。
- 设备采购审批人。

当张三作为生产部经理被关联到<设备采购申请人>这个角色上时,就意味着他有权申请采购生产设备,而别人无权申请。同理,当李四作为设备部经理被关联到<设备采购评估人>这个角色上时,就意味着他负责完成<评估生产设备采购金额>这个业务活动。

图 5-25 所示为另一条职能流程<生产设备大修申请流程>,同样,如果按一个流程步骤构建一个"角色","角色"名称都采用角色标准名称的构建方法,也可得到四个角色,分别如下。

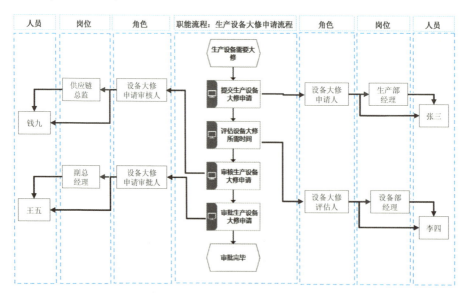

- 图 5-25 <生产设备大修申请流程>的"角色"构建

- 设备大修申请人。
- 设备大修评估人。

第 5 章 承接战略，构建"连得通""转得动""精益化"的数字化流程

- 设备大修申请审核人。
- 设备大修申请审批人。

此时，张三作为生产部经理又被关联到<设备大修申请人>这个角色上了，意味着他有权申请生产设备进行大修，而别人无权申请。同样，李四作为设备部经理又被关联到了<设备大修评估人>这个角色上，即由他负责完成<评估设备大修所需时间>这个业务活动。

对于上述两条职能流程，可以发现：

- <设备采购申请人><设备大修申请人>这两个角色关联的岗位和人是一样的，都是生产部经理张三。
- <设备采购评估人><设备大修评估人>这两个角色关联的岗位和人是一样的，都是设备部经理李四。

如果可以认定，不管是由哪些岗位或哪些人来承担<设备采购申请人><设备大修申请人>这两个角色，一定是相同的岗位或相同的人，即这两个角色关联的业务活动一定是同一批岗位或同一批人的职责，那就可以将<设备采购申请人><设备大修申请人>这两个角色合并成一个，并且给合并后的角色起一个能说明岗位或人的特性的名称，比如<生产部门主管>。

同样，如果可认定，不管是由哪些岗位或哪些人来承担<设备采购评估人><设备大修评估人>这两个角色，一定是相同的岗位或相同的人，即这两个角色关联的业务活动一定是同一批岗位或同一批人的职责。那就可以将<设备采购评估人><设备大修评估人>这两个角色合并成一个，并且给合并后的角色起一个能说明此相同岗位或人的特性的名称，比如<设备部门主管>。

注意：上述两个角色可以合并的前提是已经认定，一定是相同的岗位或相同的人来承担这两个角色，即这两个角色关联的业务活动一定是同一批岗位或同一批人的职责。

仍然以上述两个流程为例。可以发现：

1）<设备采购申请审核人><设备大修申请审核人>这两个角色关联的岗位和人是不一样的，分别是副总经理王五和供应链总监钱九。

2）<设备采购申请审批人><设备大修申请审批人>这两个角色关联的岗位和人也是不一样的，分别是总经理赵六和副总经理王五。

所以这些角色不存在合并的可能性。但是，<设备采购申请审核人><设备大修申请审批人>关联的岗位和人员都是副总经理王五，这两个角色是否可以合并？此时

就需要做一个判断,即这两个角色是否一定是由同一批岗位或同一批人来承担的。如果答案是肯定的,那么这两个角色就可以合并。接下来就是给合并后的角色取一个能恰当反映其关联岗位或人员特性的名称,比如<主管供应链的副总>。

此时可以发现还有两个角色<设备大修申请审核人><设备采购申请审批人>,其对应的岗位和人分别是供应链总监钱九和总经理赵六。所以,这两个角色不存在合并的可能。此时还需要进行判断,即这两个角色对应的业务活动是否基本上可以认定一定是此岗位或人完成的,即变化的可能性不大。如果是的话,可以将角色的名称进行岗位化处理,比如将<设备采购申请审批人>这个角色的名称改为"总经理",这样可以提升"角色"的可读性。如果不能肯定,即承担此角色的岗位或人变化的可能性较大,则建议保留标准的角色名称,比如<设备大修申请审核人>。主要的考虑是,如果变化的可能性较大,那么当<设备大修申请审核人>改为由别的岗位或人来承担时,流程图可以不用改,只要改一下为"角色"分配的"岗位"或"人员"即可,否则流程图就很可能需要修改了。

于是就得到了图 5-26 和图 5-27 所示的两个经过角色优化处理的职能流程。

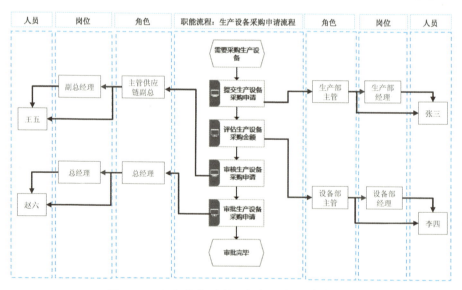

- 图 5-26 角色优化后的<生产设备采购申请流程>

现在,职能流程中的角色从原来的 8 个提炼为 5 个,分别如下。
- 生产部主管。
- 设备部主管。
- 主管供应链副总。

第 5 章
承接战略,构建"连得通""转得动""精益化"的数字化流程

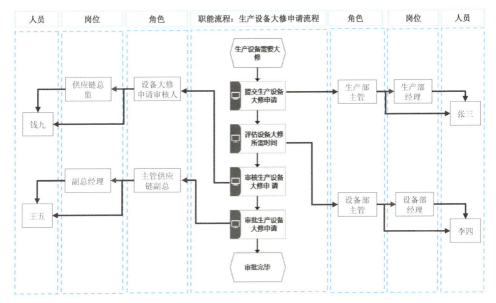

● 图 5-27 角色优化后的<生产设备大修申请流程>

- 设备大修申请审批人。
- 总经理。

最后总结一下。对于在构建职能流程过程中梳理出来的自下而上构建的角色体系,其梳理和优化的过程如下。

首先可以按一个流程步骤构建一个"角色","角色"名称采用角色标准名称的方法处理。

然后再对所有分配了相同岗位或人员的角色进行分析,如果可以认定某些角色分配的岗位或人员即使发生变化也一定是同步变化的,即一定还是保持相同的岗位或人员的,那么这些角色就可以合并;反之,则不可以合并。这样就得到了经过精益化处理的自下而上梳理出来的一部分角色。

此时,有一项技术手段就显得非常重要了,那就是基于数字化的模型自动查找分配了相同岗位或人员的角色,因为这是下一步进行角色提炼的前提。可以想象,如果靠人工来比对来查找,那是几乎不可能完成的工作。这也是在没有构建数字化模型前,对于自下而上梳理和优化角色大都束手无措的原因所在。

自下而上梳理和优化后的角色与另一部分因为实施某些管理体系自上而下引入的角色一起,构成了企业完整的角色体系。

5.2.4 职责条款的精益化

1. 职责条款的"随意"和"冗余"现象

"职责条款"这个要素由于构建简单,写一段话就行了,导致两个非常突出的问题:一是随意构建(随意),二是过度构建(冗余)。比如,各类管理文件的编写者经常会专门写一段关于职责的章节。图 5-28 所示为博阳家居《不合格品控制程序》中有关职责的一个章节。

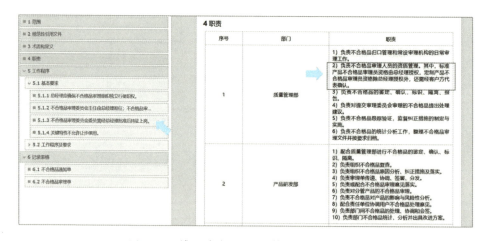

● 图 5-28 博阳家居《不合格品控制程序》节选

这种直接在文本中撰写职责条款的做法不可避免地会产生下列问题。

1)关于某个组织对象(岗位或部门)或角色的职责分散在各类文本中,执行时全靠相关人员自行查找、解读和落实,而这一点对于执行者来说是做不到的。因此,文本里写的职责往往是事后追责用的,对于事前和事中管理作用不大。

2)职责条款不成体系,有粗有细,冗余现象很普遍,同一文件中、不同文件中经常重复描述,重复描述就会导致描述不统一,甚至描述冲突和矛盾的情况。在图 5-28 的示例中,同一个文件内就已经存在"冗余"现象了。比如:

- 在《不合格品控制程序》第 4 章《职责》中,在<质量管理部>的<职责条款(2)>中写明"负责不合格品审理人员的资质管理。其中,标准产品不合格品审理员资格由总经理授权;定制产品不合格品审理员资格除总经理授权外,还需经客户方代表确认"。
- 在同一份《不合格品控制程序》的第 5 章《工作程序》的 5.1 节《基本要求》中,文件的编写者在 5.1.3 节中又强调了一次"不合格品审理委员会委

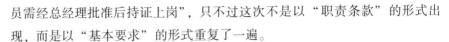

员需经总经理批准后持证上岗",只不过这次不是以"职责条款"的形式出现,而是以"基本要求"的形式重复了一遍。

以上两处描述是很典型的"随意"和"冗余"现象。不妨来分析一下。

"确保不合格品审理员在总经理批准后方可上岗"是质量管理部的职责还是总经理的职责?由于第 4 章写在<质量管理部>的<职责条款(2)>中,所以应认为是质量管理部的职责。那么,在 5.1.3 中再写一遍又是为什么?

编写人员可能会说,没有冗余,第 4 章是质量管理部的职责,第 5.1 节是在写总经理的职责。如果是这样,那为什么第 4 章《职责》中完全没有写<总经理>的任何职责?为什么<总经理>的相关职责要通过"基本要求"的形式体现?因为不好意思给<总经理>分配职责吗?什么情况下是"职责条款",什么情况下是"管理要求",看来是由编写人员"随意"决定的。

2. 职责条款的数字化转型和优化

在数字化的管理体系模型中,"职责"作为一个重要的要素,应该去文本化,实现模型化和数字化的构建。本书 3.2 节中已就如何基于战略构建完整的<职责架构>模型进行了详尽的介绍。完成<职责架构>的构建后,将在以下几个方面给管理者创造价值。

1)在进行数字化管理文件的编写时,<职责条款>可以从<职责架构>中引用并自动插入文本进行显示。如果职责条款发生变化,引用该条款的文件的编写者会收到引用要素的更新提示,并可以自动修改文件。

2)在统一且与战略模型对接的<职责架构>中,由于<三级能力项>不会重复,基于<三级能力项>展开的<职责项>和<职责条款>也同样不可能重复构建。这可以从根本上解决职责条款冗余问题,实现职责条款的精益化。

3)可以基于统一的<职责架构>进行各种维度的分析,为企业职责体系的不断优化提供有力支撑。

5.2.5 制度条款的精益化

这里的"制度"泛指企业中描述管理规则和要求的各类管理文件,比如规章制度、程序文件、作业指导、工作标准等。那么,企业的制度管理也需要数字化转型吗?答案是肯定的!

现在企业中的制度体系大多还是采用 Word、Visio、Excel"老三件"构建的文件电子化体系。如果将企业管理体系的发展划分为以下四个阶段:

- 1.0 阶段:基于纸质文件。

- 2.0 阶段：基于电子文件。
- 3.0 阶段：基于信息化系统。
- 4.0 阶段：基于数字化系统。

那么，企业中的制度管理体系大都还处于 2.0 阶段。在上一轮信息化大潮中，并没有出现一个被广泛接受的制度管理信息化系统。

为什么会出现这种情况？是制度在企业管理中不重要吗？当然不是！主要原因是没有出现将制度进行结构化处理的技术。制度天然是文本，不管是纸质的，还是电子的，而文本天然无法进行信息化加工和处理。

那么，制度管理一直停留在 2.0 阶段，有问题吗？当然有！"电子文本体系"是离散型的体系，各个文本中的管理要素并不关联，因此以下问题就很难解决。

- **制度编写不规范**：管理文件写起来太辛苦，编写不规范，内容不准确。公司内一个部门名称或一张表单样式改了，很难准确地找出要修改的所有文件，这就导致制度内容更新不及时，更新内容不准确，更新起来不便捷。
- **制度使用太麻烦**：企业员工无法从成堆的制度中全面、准确地找到自己负责的所有工作及所有相关管理要求。编写制度的人担心管理文件的内容没有正确地依据上级文件制定，无法证明其依从性关系。而高层管理者，也很难查证相关管理要求是否被落实到具体的制度条款、流程环节和执行人员。
- **制度治理不健全**：制度在审批过程中，质量检查不到位，发布了不够准确的文件。文本化存储方式不安全，一些敏感的制度文档被随意下载并流失出公司。制度版本间差异全靠人工记录。
- **制度分析很困难**：写了这么多制度文件，却很难知道一共制定了多少表单、流程、术语；哪些表单、术语、职责在不同文件中被重复描述。这么多文件，相互关系如何，有没有重复和矛盾的条款。
- **体系孤岛很严重**：企业针对某一管理主题往往会撰写一套自成一体的体系文件。比如，质量体系、内控体系、精益管理体系等等。这一套套文件，经常会引用相同的管理要素或针对同一项业务活动提出管理要求。不同体系文件中的这些要素和要求常常出现不一致甚至是冲突的现象，即所谓"体系孤岛"现象。

要解决上述问题，EBPM 方法论认为，实现制度管理的数字化是必由之路。

1. 制度管理的数字化转型

（1）制度的数字化编写

制度的模型化是实现制度管理数字化转型最为关键的一个环节，也是这一轮数字化技术的最大突破。

如图 5-29 所示，在数字化的制度编写平台上，编写者感觉就像在写文本化制度，但数字化平台会自动将内容变成结构化的条款。同时，撰写制度时如需要引用术语、流程、风控及其他制度条款等管理要素，可直接从相关要素池中选择，而不是重复创建，从而实现了管理要素的共享和协同，以及管理体系在要素级别上的融合。

● 图 5-29 制度文件的数字化和结构化

同时，由于将制度进行了结构化处理，制度条款作为对象可以与流程活动和其他制度相关联，从而构建了一个相互关联的一体化管理体系模型。

（2）制度的数字化执行

制度发布后，可基于模型自动抽取并向每位员工精准推送其负责的所有工作以及与完成这些工作相关的所有制度文件和条款，使员工明确自己的工作要求。

更为重要的是，可以与实际执行系统对接，直接将管理要求推送到执行系统，确保管理要求落实到具体的执行环节和人员，甚至可以显示某一制度条款当前正被哪些流程步骤上的哪些人执行。

(3) 制度的数字化治理

可按制度架构对编写权限进行授权，被授权的人员可以编辑和锁定相关制度文件。

可以基于模型实现制度增、删、优化的全流程数字化管理。制度编写过程中和发布后支持在线查看，只有授权后才能下载本地文件，从而有效地对涉密文件进行管控，又方便需要的人员使用。

对于有依从性的制度和条款，可以查看所依从的上级制度和条款，也可跟踪上级制度、条款的变化情况，快速识别制度修订的源头，满足依从性审查。

2. 制度条款的优化

如图 5-30 所示，在数字化的制度编写平台上构建制度模型时，很多章节是通过引用管理要素自动生成的，这些条款中的内容并不需要编写者撰写。

● 图 5-30　自动生成内容

因此，一份制度编写完成后，如图 5-31 所示，可以看到哪些章节中的内容不是本制度编写人原创的，而是所引用的管理要素中的内容。制度引用的这些管理要素，原则上都会通过与流程或流程步骤的关联将相关管理要求和信息传递给执行者，这样将管理要素中的管理要求传递给执行者本质上已不需要通过制度文件这个载体了。

除此之外，制度文件中还有一些条款是本制度编写人原创的内容，是对具体业务活动提出的管理要求或指导，EBPM 方法论称之为"规则类文件条款"，这才是制度文件的"干货"。

在数字化的制度编写平台上，可以将这些"干货"识别出来并进行优化分析。比如，这些规则类文件条款是否落实到了具体的业务活动上，与任务业务活动都没

第 5 章
承接战略,构建"连得通""转得动""精益化"的数字化流程

• 图 5-31 文件引用的要素

有关联的条款可能是冗余的内容,应分析一下是否可以精简掉。

如图 5-32 所示,基于数字化的模型可以分析分配给流程的制度和没有分配给流程的制度;涉及流程的条款和不涉及流程的条款;匹配条款最多的制度等。这些分析结果都可有效支持制度的优化完善。

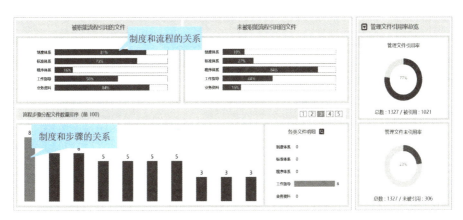

• 图 5-32 制度文件的分析

第6章 承接战略，构建"多、快、好、省、稳"的数字化流程

6.1 绩效指标：流程的衡量器

6.1.1 如何定义流程绩效

用绩效指标来衡量企业的运营状况，这是企业管理中常用的方法，流程也不例外。

图 6-1 所示为流程绩效指标的设定方法，即从"多、快、好、省、稳"几个维度选取适合本流程的主要指标。流程绩效又分为端到端流程、职能流程和流程步骤的指标，对于一条端到端流程或职能流程来说，不是所有维度都要设定指标，更不是所有流程步骤都要设定指标。通常会从"好"的维度选取体现端到端流程或职能流程最大价值的指标，再加上其他指标。在设定和优化指标时，还必须考虑"取得到数"和"算得出值"这两个关键因素。

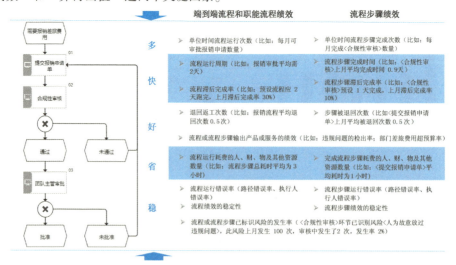

• 图 6-1 流程绩效的设定

图 6-2 所示为博阳家居在优化<订单-交付端到端流程（国内分包型房产市场批量定制化业务）>时遇到的问题。博阳家居有面向房地产市场的需客户化设计的订单，并且这些订单都需要到楼盘现场安装，所以销售、设计、生产、物流、安装五个部门是决定订单交付周期的几个关键部门。

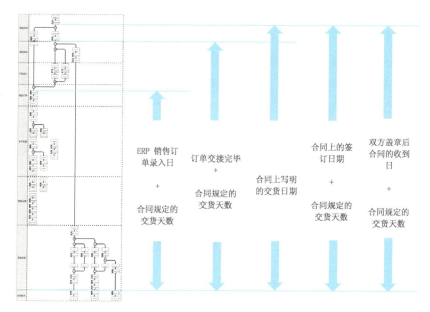

● 图 6-2　端到端流程绩效的设定

本案例中，博阳家居的管理者认为目前 80% 的<订单按时交付率>不能在市场竞争中占得有利位置，需要优化到 95% 以上。所谓<订单按时交付率>即合同承诺 60 天交货，实际的<订单交付周期>小于 60 天，就算是按时交付，100 个合同中 80 个按时交货了，<订单按时交付率>就是 80%。因此，<订单交付周期>是决定<订单按时交付率>的一个关键的关联指标。

基于此管理诉求，博阳家居启动了<订单-交付端到端流程>优化项目。项目组牵头带领各部门一头扎进流程的细节，忙碌大半个月后，忽然发现一个令人哭笑不得的事实，即目前 80% 的<订单按时交付率>是如何算出来的，居然谁都讲不清楚。于是，项目组先抛开其他工作，专门梳理<订单交付周期>这个绩效指标的定义。结果令人震惊，该企业内不同部门居然采用了五种不同的计算方法。大家都在谈<订单按时交付率>的优化，但是，不同的人说的<订单按时交付率>，其背后的含义是完全不同的。本案例中，完成交付时间以现场安装完毕后客户出具验收单的日期为准，这一点比较明确，没有什么歧义，但开始时间就众说纷纭了。

生产制造部门人员认为，起始点必须从 ERP 系统中录入销售订单开始算起，因为在此之前他们对相关合同一无所知，没有任何事情可以做。如果起始点不是从 ERP 系统中录入销售订单开始算起，那么必须明确给他们的生产周期是多少，而不能仅有一个承诺给客户的交付周期。

设计部门认为，起始点必须从订单交接完毕算起。这里需要说明一下，该企业签订销售合同后，首先将销售合同发给设计部门进行设计（因为通常都有一些客户化的改动），然后再基于设计结果在 ERP 系统中录入销售订单驱动生产。所谓订单交接完毕，是指设计部门基于人工传递过来的销售合同，与客户方的工程师完成设计参数的确认。如果客户方迟迟不提供重要信息，比如楼盘的具体建筑图纸，衣柜的很多细节设计就无法展开，即设计部门根本不能开始工作，所以不能开始算其工作周期。或者明确给出设计部门开展设计的时间是多少，而不能仅有一个承诺给客户的交付周期。

而对于销售部门来说，客户并不关心企业内部需要多少时间来设计和生产，而只关心什么时间可以交货。所以，销售部门认为交付周期自然应以合同为准。这个逻辑乍一看没有什么问题，但仔细梳理下去，发现也是一头雾水。

什么是"以合同为准"，关于这一点也是众说纷纭。

合同上是否明确了完成安装验收的具体日期？如果明确了，自然以此为准。但经调查发现，大部分合同都没有写。

为什么？因为合同签署本身也需要一个过程，即需要一个时间周期。如果明确写了××年××月××日前完成安装调试，那么我方签完合同，客户方花了半个月才将合同签完寄回，那么这半个月内，我方要不要开始履行合同？

所以大部分合同是这样写的："合同签订后 80 日内完成安装调试"。但问题同样存在，合同上写的签订日期，不等于就是双方完成签署的日期。比如，合同上写的签订日期是 2020-12-10，但该企业收到双方都签完字盖完章的合同时，已经是 2021-01-10，合同签署花了一个月的时间。然而，从契约角度来说，交付周期是必须以 2020-12-10 起算的，这就比较被动了，很难按时交货。

因此，有的合同又是这样写的："合同在双方签字盖章后生效，合同生效后 XX 日完成交付"。但是，合同签字日期是写在合同上的，而双方签字盖章这个状态完成的日期并没有明确的管理痕迹加以记录，以快递收件日期为准吗？所以这样的写法反而更不明确了。

看了上述梳理的结果，项目组觉得更乱了，似乎无解。但是有一点大家也都意识到了：绩效指标的定义必须明确且无歧义，否则就免谈优化。

那么，如何做到定义明确且无歧义？除了常见的给出文字说明、计算公式等方式外，还要设定取数点。取数点在绩效指标定义时通常是被直接忽略的，因为很多指标并不真正取数和计算，就是做做样子而已。

什么是"取数点"？就是数据来源。

构成绩效指标的所有指标因子都必须关联到某一个<业务活动（流程步骤）>的完成事件，表示从此活动产生的业务信息中取值。本案例中，订单交付周期＝完成交付时间–开始交付时间。其中，<完成交付时间>这个指标因子从现场安装验收完毕后客户<出具验收报单>这个活动输出的<验收单>上取值，而<开始交付时间>则没有明确的取数点，所以才导致一片混乱。

任何绩效指标只有取得到数、算得出值才会产生意义。取不到数、算不出值的绩效指标是没有什么价值的。

本案例中，博阳家居最后设定的<开始交付时间>是<首付款到账日>。这个取数点明确无歧义，且能直接从系统中取到数。对博阳家居来说，这是一个非常重大的决定，甚至对其在市场上的竞争力都会产生影响。

6.1.2 绩效管理的数字化转型

所谓绩效管理的数字化转型，是指在传统取数和计算的方法中融入新一代的数字化技术，从而提升企业"取得到数"和"算得出值"的能力。

传统的绩效管理，取数和计算要么靠人工统计，要么从系统中导数，比较费时费力，管理成本也较高。这也是很多绩效指标都停留在设计稿上，从未取数和计算的原因。

另外，取数往往比计算要困难。不同的取数点会取到不同的数，从而算出不同的值。

在取数这一环节，流程机器人（RPA）技术可以大大提高取到数的可能性和取数的效率，尤其是融入了图文识别（OCR）技术、智能字符识别（ICR）技术和自然语言处理（NLP）技术的流程机器人，其取数能力就更大了，甚至可以从各类单据、票据中直接识别并提取数据。

在计算这一环节，目前主流的方法是构建数据中台或数据总线，并将取到的各种数据都放在数据中台上，然后利用大数据处理技术来提供计算能力。

6.2 发起机制：流程的神经元

6.2.1 什么是流程的发起机制

流程是需要发起的，这一点很容易理解。但是，在流程管理中，流程发起机制的梳理和优化几乎不被关注，这是很值得注意的一个现象。流程发起机制主要包括四个方面的内容。

- 可发起的流程清单。
- 流程发起的规则。
- 流程发起的权限。
- 流程发起的方法。

通俗地说，就是可以发起哪些流程、流程什么情况下应该或者可以发起、谁有权发起、如何发起。

有的企业费了九牛二虎之力缩短了某一流程的平均完成周期，但却没有梳理和优化发起机制，导致流程该发起时没有发起，结果还是耽误了工作的完成时间，这样的例子在企业中经常发生。比如，库存低于 10 件时应发起补货流程，如果通过优化将补货流程的平均周期缩短了 2 天，这确实很有价值，但是，当库存低于 10 件时，补货流程没有在第一时间发起，而是迟了 3 天，那么流程优化中缩短的那 2 天就被抵消了。

如图 6-3 所示，所谓发起流程，就像推倒第一块多米诺骨牌，第一块骨牌之后的骨牌是由前一块推倒（触发）的，是"事件触发的活动链"过程的触发机制，不属于流程发起机制。梳理流程发起机制就是找到企业内有多少块骨牌是"事件触发的活动链"的第一块骨牌，它被触发（推倒）后，将会产生连锁反应，直至最后一块倒下。由于这块骨牌是第一块，所以它需要通过某种机制在适当的时机被推倒（触发）。梳理企业内究竟有多少条"事件触发的活动链"，找到所有流程链的第一块骨牌，然后规定什么情况可以推倒这一块，谁有权推倒，如何推倒。这就是所谓的流程发起机制。

企业完成流程架构梳理后，往往会出具一份流程清单。那么，有多少企业真的可以让员工基于这份清单正确发起

● 图 6-3 流程的触发

流程？其实，如果您在工作中经常遇到如下情况，那就意味着现有流程清单一定存在着很大的问题，流程发起机制需要梳理和优化了。

- 想做某件事，但经常找不到相关的流程。
- 流程跑了一半，发现流程跑错了，应该走另一条流程。
- 明明应该走 A 流程（往往管控环节较多），却故意走 B 流程（管控环节较少），居然还走通了。
- 流程应该发起了，但没有及时发起，导致耽误了工作。

流程发起机制通常是以可发起流程清单的形式呈现的。需特别指出的是，这张清单不是指 OA 或工作流平台上的流程，而是企业员工可以发起的所有流程，不管这条流程是在哪个信息化平台上运行。

当前，在流程发起机制中融入新的数字化技术，是数字化时代业务流程的又一个重要特征，也是通过数字化创新实现流程优化的热点所在。如果将触发机制比喻成企业的神经元，那么这些神经元最终将构成企业的神经系统，并直接影响到企业整体运营的可靠性和敏捷性。

所谓可靠性，就是事件发生了，流程一定会被发起；所谓敏捷性，就是事件发生了，流程被迅速发起，越快越好。

6.2.2 流程发起机制的数字化转型

流程发起机制主要有四种类型：需求引发、活动引发、时间引发、指标引发。下面介绍几种在流程发起机制中融入数字化技术，从而实现流程数字化转型和优化的主要思路和方法。

1. 需求引发：预判需求，从被动发起转型为主动推介

需求引发的流程目前大都是由需求人自行发起的。比如，<需要报销>这个事件触发<提交报销申请>这个活动，即触发<差旅费用报销审批流程>。而何时有<需要报销>这个事件，一般认为只有需求人自己才清楚。

在数字化时代，上述逻辑和处理方法正迅速向预判需求和主动引发流程演变，在面向客户的流程中这一点更为明显。

比如，当在线上平台购买从上海至北京的火车票后，平台马上会弹出一个提示界面，询问是否需要预订北京的酒店；系统甚至可以根据用户过往的预订记录，告之曾经住过的酒店是否有房。这个弹出框的本质就是从被动发起转型为主动推介。过去的逻辑是若需要订酒店，就得自己打开酒店预订的界面，然后进行操作。因此，过往的优化思路侧重于如何让你在需要预订酒店时快速找到相应的界面，快捷地完成操作。这些优化当然还是需要的，但现在，流程发起机制又向前推进了一步，即由系统来预测用户是否有<需要预订酒店>这个需求，然后主动推介。

由数字化系统来预判用户是否有需求，进而通过主动推介来发起流程，这是流程发起机制数字化转型和优化的一个突出特色。而且，主动推介还在向自动发起改变。要做到这一点，数据以及流程关联性分析是重要的技术支撑。

再来看看企业内部流程的一些案例。

现在电子发票已经越来越多，商家往往会把电子发票通过邮件发送到客户指定的邮箱。某企业要求员工将因公电子发票全部发送到公司为员工个人开设的工作邮箱，然后公司的数字化系统会每周自动识别和读取每位员工工作邮箱中的电子发票，汇总后推送给员工，提醒员工发起<差旅费用报销审批流程>。目前，<提交报销申请>这个流程步骤还是由员工来确认和完成的。这样的优化大大减少了员工整理和汇总发票的时间，避免了员工遗忘报销。这个案例中，该企业是通过流程机器人技术来完成上述工作的。更有意思的是，流程机器人还识别了发票的金额，在推送给员工发起报销流程时，预估了大致的报销费用总额给各部门主管和财务部。

再介绍一个通过流程关联性来主动推介、发起流程的案例。一般来说，员工如需请产假或者长期病假，则需要发起相关的<长期请假流程>。某企业通过管理体系模型的关联关系，自动识别须交接的工作，并推送给相关人员，实现工作的平稳交接。该企业之所以进行这样的流程优化，是因为发生过相关的管理事故。曾经某位负责公司公章管理的员工需要休产假，但部门主管未及时安排公章的交接对象，因此该员工私下将公章委托给同部门的同事管理，导致公司公章近一个月内处于失控状态，发生了意外的状态。工作交接通常的做法都是相关员工或者部门管理者在需要安排工作交接时人为触发相关流程。人记住了，相关流程就触发了；人若忘记了，就失职了，最多给予事后处罚，但工作已经受影响了。

基于上述管理事故，该企业引入了数字化技术进行流程发起机制的优化。比如，当某员工发起请长假流程并审核通过后，系统自动基于本员工负责执行的其他流程步骤识别需要交接的相关工作，并将这些工作的交接流程推送给对应的管理人员，提醒相关人员发起工作交接流程。具体的识别逻辑是这样的：通过员工找到其在管理体系中参与的角色，然后找到这些角色负责完成的流程步骤，通过流程步骤找到对应的流程负责人，最后分别给不同的流程主人发起<角色-用户匹配流程>，告之流程负责人因某员工休长假，需要重新给这些角色分配负责执行人员。<角色-用户分配流程>是流程治理体系中非常重要的一个流程，其本质就是工作分配或交接流程。

本案例的特点是系统基于数字化模型自动识别、汇总和发起基于角色的工作交接流程。若没有一个数字化的管理体系模型，这样极具数字化时代特征的流程是很难实现的。

2. 活动引发：构建活动事件采集机制，从"非受控触发"转型为"受控触发"

活动引发的流程是指因完成某一项业务活动引发了某一个具体的事件，从而触发某一条具体的流程。下述快递公司的案例在《流程管理风暴：EBPM 方法论及其应用》一书中有过介绍，这里之所以再次引用，是因为本案例是构建活动事件采集机制非常好的说明，如图 6-4 所示。

此快递公司有上万名员快递员送货，万一在接送件过程中发生交通意外，该如何处理？该公司制定了三条相应的流程。

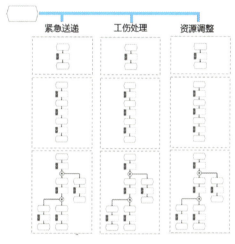

● 图 6-4 流程发起机制示例

其一，根据预案马上启动<异常件处理端到端流程>，即安排人员马上从发生意外的快递员处取走尚未投递的快递件，尽快送达客户。此流程关键是快，越快越好，以免影响客户的满意度。

其二，顾了客户，也得顾员工，所以需要马上启动<工伤处理端到端流程>，即安排相关人员协助发生意外的员工处理所有医疗、工休等相关事宜，直至其康复。

其三，由于该递送区域在该员工康复期内少了一名快递员，快递能力下降了，所以还应触发<人员调整端到端流程>，安排新的人员临时替代此快递员，以免影响接送件的能力。

上述三条流程设计得非常细致和完整，也经过了反复优化，看似预案很完美，但是有一个关键性的问题没有解决，即如何及时知道<快递员发生意外>这个事件发生了？

如果没有设计任何活动事件采集机制，那么只能依靠发生意外的快递员自己打电话向主管通报，可称之为"非受控触发机制"。如果快递员由于种种原因无法及时打电话，相应三条流程的触发滞后半天或一天是很容易发生的事。事实上，要将这三条端到端流程，尤其是<异常件处理端到端流程>的周期缩短一点是很困难的，需要反复设计优化方案，但是好不容易缩短了半天时间，也很可能被晚触发半天所抵消。

所以流程的触发机制是非常重要的,而提高流程被触发的可靠性和敏捷性,就需要设计受控的触发机制。

该企业一开始实施了一套很先进的解决方案。通过每个快递员身上的通信设备实时定位,然后通过一个大数据计算系统跟踪每个快递员的位置,如果某员工在某一位置上长时间逗留,或者位置偏离了合理路线,系统将马上报警,并派专人联系该员工,如果发现有状况,则直接启动预案。

上述主动采集活动事件并触发流程的机制,EBPM方法论称之为"受控触发机制"。受控触发机制可以大大提高流程触发的可靠性和敏捷性,当然也会增加管理成本。就某一条流程而言,是否需要建立受控触发机制,取决于企业管理的需要。

3. 时间引发:构建"工作节气表"

所谓"时间引发"就是到某个时间点就会触发某个流程。梳理这些触发时间,并将之预设到数字化管理平台中,到时间自动触发相应的流程,这已经在很多企业实现了。但是,是否能显性化地呈现一张类似二十四节气表的"工作节气表",而且针对不同的员工有不同的内容,即自动生成个性化的"员工工作节气表",告诉每位员工到什么时间应该做什么事,这一点还是很欠缺的。在数字化时代,完全可以基于管理体系模型来做到这一点。

4. 指标引发:构建指标采集机制

指标引发的流程指某个指标达到预设的值或范围时触发某个流程。比如,<电脑安全库存低于5台>这个指标会触发<电脑补货流程>。与需求引发(采集数据并预判需求)和活动引发(采集活动状态事件)类似,对于指标引发的流程,其触发机制的数字化转型和优化最主要的手段就是构建指标采集机制,并将采集的指标与数字化的流程执行平台对接,达到自动触发的目的,进而大大提高企业整体运营的可靠性和敏捷性。

6.3 路径规则:任务的派发器

6.3.1 什么是流程的路径规则

什么是流程的路径规则?很多人会脱口而出,它就是流程图上的路径图!这个答案只是对了一部分。完整的流程路径包括两部分的内容。

第 6 章
承接战略，构建"多、快、好、省、稳"的数字化流程

- 该做什么：即该完成什么<业务活动（流程步骤）>。
- 由谁来做：即完成人是谁或者说任务该派发给谁。

图 6-5 所示为博阳家居针对房产市场的<销售合同签署流程>，可以看到<交期评审>这个<业务活动（流程步骤）>匹配的角色<设计人员>中<设计工程师>这个岗位下有两位人员，他们一个是高级工程师，一个是初级工程师，所以通过<授权规则组>设定，当满足规则<涉及结构变化>时由<人员 A>完成，<不涉及结构变化>时由<人员 B>完成。<流程路径图>+<角色人员授权表>构成一套完整的流程路径选择逻辑。只有这样，数字化的流程引擎才能自动将一个具体的任务派发到人。

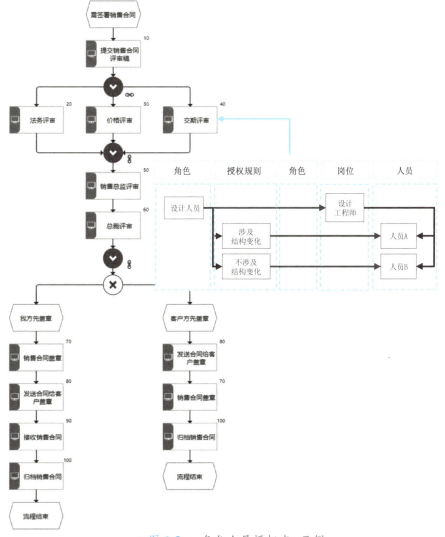

- 图 6-5 <角色人员授权表>示例

综上所述，<流程路径选择模型>包括两部分内容：<流程路径选择表>和<角色人员授权表>，即所谓的"两张表"模型。

6.3.2 如何构建<流程路径选择表>

<流程路径选择表>主要用来描述较为复杂的"该做什么"的问题，也就是通常所说的流程裁剪问题。所谓"流程裁剪"是指流程图中画出了所有可能发生的步骤，实际运行时不是所有的步骤都一定要完成，可能只需要完成部分步骤（当然也可能需要完成全部步骤）。

1. 并行任务的裁剪

如图6-6所示，合同评审部分的<步骤20：法务评审><步骤30：价格评审><步骤40：交期评审>是并行的可裁剪步骤。本示例中不是所有情况下<步骤20：法务评

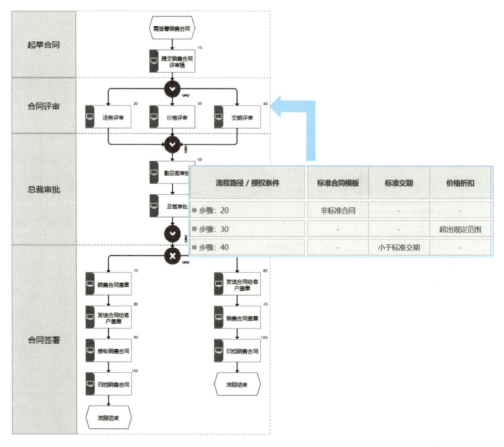

- 图6-6 <流程路径选择表>示例一

审><步骤30：价格评审><步骤40：交期评审>这三个步骤都需要走，右侧所示的<流程路径选择表>中设定了流程路径选择的规则，符合特定条件时才需要完成相关的步骤，如果条件不符合，这三个步骤都可以跳过。

- 当销售合同基于<非标准合同>模板起草时，需要走<步骤20：法务评审>，否则这一步可以跳过。
- 销售合同的价格折扣满足条件<超出规定范围>时才需要走<步骤30：价格评审>，否则这一步可以跳过。
- 销售合同上规定的交货周期满足条件<小于标准交期>时才需要走<步骤40：交期评审>，否则这一步可以跳过。

上述逻辑采用在<职能流程图模型>的逻辑符上挂接一个<流程路径选择表>的方式来完整描述。有了这一套完整的模型，数字化流程引擎就可以直接读取并确定流程运行的路径了。

2. 串行任务的裁剪

如图6-7所示，总裁审批部分的<步骤50：副总裁审批><步骤60：总裁审批>是串行的可裁剪步骤，即不是所有情况下这两个步骤都需要走，有时走一步，有时走两步，有时直接跳过、两步都不走。右侧的<流程路径选择表>中设定了流程路径选择的规则。

- 销售合同基于<非标准合同>模板起草，且销售合同的价格折扣满足条件<超出规定范围>时，才需要走<步骤50：副总裁审批>，否则这一步可以省略。
- 销售合同基于<非标准合同>模板起草，且销售合同的价格折扣满足条件<超出规定范围>，销售合同上规定的交货周期满足条件<小于标准交期>时，才需要走<步骤60：总裁审批>，否则这一步可以省略。也就是说，当三个条件都属异常情况时，总裁才需要审批。

同样，上述逻辑采用在<职能流程图模型>的逻辑符上挂接一个<流程路径选择表>模型的方式来完整描述。

对于串行的可裁剪步骤，也可以不采用<流程路径选择表>模型，而是全部用<流程路径图>来表示。如图6-8所示，异或逻辑符下方穷举所有可能的组合，用事件来表示不同路径的选择条件，这种表示方式比<流程路径选择表>的可读性强，可以从流程图上直接读出路径的选择条件。其缺点是，如果<授权规则>比较多，则事件图符中的文字需要溢出显示，甚至无法全部显示。另外，如果穷举出的组合太多，

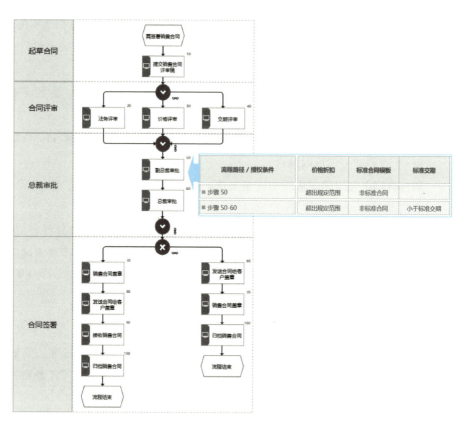

- 图 6-7 <流程路径选择表>示例二

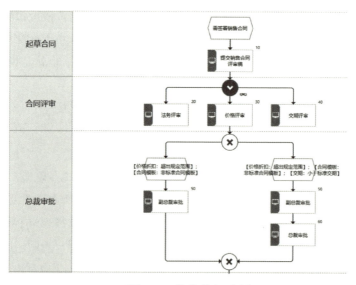

- 图 6-8 事件授权示例

图面分叉路径会很多。如果<授权规则>不是太复杂,穷举出的路径组合小于 10 条的话,用这种表示方式确实比较直观。

3. 异或路径的选择

图 6-9 所示为合同签署部分的 4 个流程步骤<步骤 70:销售合同盖章><步骤 80:发送合同给客户盖章><步骤 90:接收销售合同><步骤 100:归档销售合同>构建了 70-80-90-100 和 80-70-100 两条不同的串行路径,这两条路径不会同时发生,但一定会运行一条,走哪一条路径取决于<盖章顺序>这个条件。右侧的<流程路径选择表>中基于<盖章顺序>这个条件设定了流程路径选择规则。

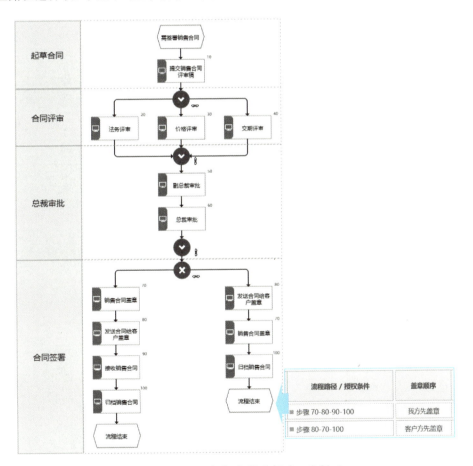

- 图 6-9 <流程路径选择表>示例三

本示例是典型的一组活动通过组合和排序构建出多条流程路径的场景。此时,<业务活动(流程步骤)>是可以复用的,但是仅限于在同一条<职能流程>内。

异或路径的选择也可以不采用<流程路径选择表>而是全部用<流程路径图>来表示。如图 6-10 所示，异或逻辑符下方还是用事件来表示不同路径的选择条件，这种表示方式比<流程路径选择表>的可读性强，可以从流程图上直接读出路径的选择条件，缺点同样是如果<授权规则>比较多，则事件中的文字需要溢出显示，甚至无法全部显示。

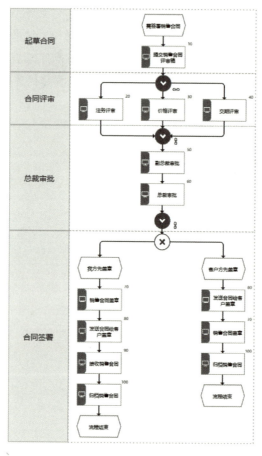

● 图 6-10　异或路径

6.3.3　如何构建<角色人员授权表>

<流程路径选择表>用来解决流程路径选择中"该做什么"的问题，也就是所谓的"流程步骤裁剪"问题，而<角色人员授权表>模型则是用来解决流程路径选择中"由谁来做"的问题，也就是所谓的"流程执行人裁剪"的问题。所谓的"流程执行人裁剪"，是指负责完成本步骤的角色中有多个人员，本质上是穷举了各种情况下

可能完成本步骤的所有人员。流程实际运行时，不是角色中的所有人员都会同时完成某一实际的业务活动，一般情况下是从这些人员中确定唯一的一个人来完成，即只有这个人会收到待办事项，其他人不会。当然，有时同一个任务也可能会派发给多个人来共同完成。总之，"流程执行人裁剪"就是从角色中的多个人员中基于规则确定一个或多个人来完成某一已经产生的具体任务。

<角色人员授权表>模型本质上就是用来消除流程的组织断点。关于组织断点，本书5.1.3节中有详尽说明。

<角色人员授权表>模型由流程活动、角色、岗位、人员、授权规则五要素中的部分或全部构成。以下三种模型在不同业务场景中可以灵活使用，但更为规范且EBPM方法论推荐的是第二、三种模型。第一种<角色-人员>模型，由于没有"岗位"作为中介，在整个管理体系模型基于"岗位"进行各种优化分析时，将会因信息缺失而导致分析不完整和不准确。

1. <角色-人员>授权模型

如图6-11所示，角色可以直接关联人员，完成授权。如果一个角色中关联了多个人员，且通过授权规则规定了什么情况下由某个具体人员完成，则数字化流程引擎可以按授权规则自动读取并判断最终的负责执行人员。如果一个角色中关联了多个人员，且没有授权规则规定什么情况下由哪个具体人员完成，则需在流程实例中由人工进行选择。

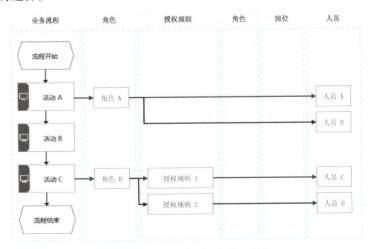

• 图6-11 <角色-人员>授权

2. <角色-岗位-人员>授权模型

角色也可以通过岗位关联人员，完成授权，这是最为规范的方法，也是EBPM

方法论推荐的方法。如图 6-12 所示，<角色 A>关联<岗位 A>，由于<岗位 A>上关联了人员，则角色自动与<岗位 A>上的人员构建关联关系。当<岗位 A>上的人员有变化时，<角色 A>关联的人员也自动变化。比如，<岗位 A>员工张三离职，新员工李四入职，即<岗位 A>上的员工由张三变成了李四，那么<角色 A>上的员工也自动由张三变成李四。如果一个角色中关联了多个人员，且通过授权规则规定了什么情况下由哪个具体人员完成，则数字化流程引擎会按授权规则自动读取并判断最终的负责执行人员。如果一个角色中关联了多个人员，且没有授权规则规定什么情况下由哪个具体人员完成，则需在流程实例中进行人工选择，此时就很可能存在流程的组织断点了，需要特别加以关注。

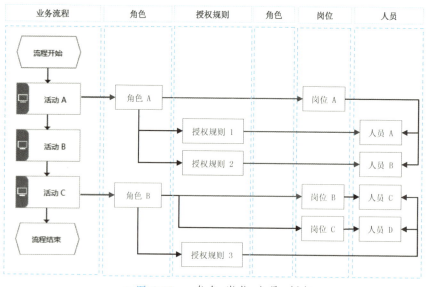

● 图 6-12 <角色-岗位-人员>授权

3. <角色-角色-人员>授权模型

通过<角色-角色-人员>的形式完成授权，也是 EBPM 方法论推荐的方法。如图 6-13所示，<角色 A>关联<角色 A-1>，<角色 A-1>通过<角色-岗位-人员>实现最终的<角色-人员>关联，即<角色 A>自动与<角色 A-1>上的所有人员构建了关联关系。当<岗位 A>上的人员有变化时，<角色 A>关联的人员也自动变化。比如，<岗位 A>上的人员由张三转成了李四，则<角色 A>上的人员也自动由张三变成李四。完成<角色-人员>关联后，接下来通过授权规则来规定什么情况下由哪个人员完成相关业务活动，即最终实现流程执行人的裁剪。如果一个角色中关联了多个人员，且没有授权规则规定什么情况下由某个具体人员完成，则需在流程实例中由人工进行选择。

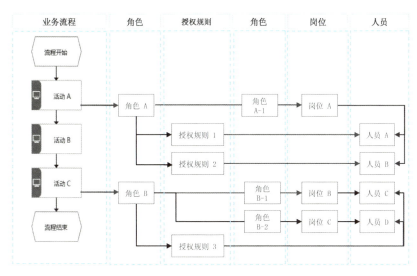

- 图 6-13 <角色-角色-人员>授权

构成<角色人员授权表>的流程活动、角色、岗位、人员、授权规则五要素中，授权规则所描述的内容是非常灵活和宽泛的。图 6-14 所示示例中，授权规则是基于上一步骤完成人自动从本步骤所有可能的完成人中找到一个完成人，也就是实现流程执行人的裁剪。

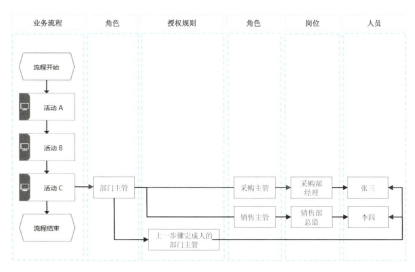

- 图 6-14 <角色-角色-人员>授权规则示例

需要特别指出的是，<角色人员授权表>模型在传统的流程梳理中常常是脱离流程图而存在的，绘制流程图的人往往并不梳理<角色人员授权表>，只有当流程需要在信息化系统中落地时才触发此项工作。这当然是不对的，如果流程图既没有讲清楚"该做什么"（没有 <流程路径选择表>），也没有讲清楚"由谁来做"（没有<角色人员选择表>），这样的流程图算是将企业的流程理清楚了吗？能基于这样的流程图将企业的流程管起来并持续优化吗？笔者认为，这样的流程图最多是一个工作过程示意图而已，在数字化时代，更不可能基于这样的流程图模型来构建数字化管理体系。

当然，如果通过 Excel 表的形式来梳理<流程路径选择表>和<角色人员授权表>，其天然就是与流程图分离的，不是一套完整的模型，因此，基于数字化的建模工具来构建流程模型，而不是"图归图，表归表"，是构建上述管理逻辑体系的重要技术保障。数字化时代，随着企业建模技术的迅速发展，这一点已经不是问题了。

6.3.4 流程路径选择的数字化转型

数字化时代的流程自然应该在数字化平台上运行，数字化流程的运行是基于流程模型中的路径规则由系统自动判断的。什么是流程运行的路径规则？前文已经说明，就是"该做什么"和"由谁来做"。

如果看到过数字化智能仓库，大家一定会对物流机器人印象深刻。物流小车在算法的驱动下按指令在设定的路径上运行，到某一个节点（某一个具体仓储位置）会自动停下，完成收或放的作业，然后再奔赴下一个节点。当然，物流小车在不同节点收或放的物品可能是不同的。

数字化执行平台上的流程运行也应是这样一番景象，只不过穿梭的不是物流小车，而是"任务小车"。任务小车在设定的流程路径上自动运行，流程路径上的节点是不同的人员。任务小车到达算法给出的人员时便停下来，给此人员派发任务。等该节点的人员完成具体的业务活动（流程步骤）后，任务小车又按算法给出的指令奔向下一个节点。正如物流小车中装的东西在不停变换一样，任务小车中的具体业务活动也在不停地变化。

数字化流程引擎最基础的功能之一就是基于流程模型预设的算法规则，将流程路径中的业务活动以待办事项的形式派发给具体的执行人员。一个待办事项派发给哪一个人（或多个人），是由数字化流程引擎基于采集到的信息通过算法模型计算出来的。

从某种意义上来说，可以认为数字化的流程平台就是一个自动的"任务派发器"。基于数字化流程模型中的路径规则，数字化流程引擎自动地将一个个工作任务派发给不同岗位上的人员。当然，也可能是派发给机器人，由流程机器人自动完成。

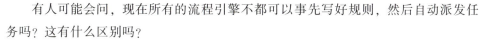

有人可能会问，现在所有的流程引擎不都可以事先写好规则，然后自动派发任务吗？这有什么区别吗？

有区别，而且区别很大，主要体现在以下两个方面。

1）数字化的流程执行引擎不再需要技术人员基于"流程设计稿"，也就是流程模型在执行平台上再"写"一遍业务规则。新一代的数字化流程引擎可以直接读取流程模型中的路径规则，自动派发任务。基于流程模型直接运行没有额外的技术配置或开发环节，实现了真正意义上的模型直接驱动，是数字化流程引擎的最大特点。

2）融入更多动态的算法和判断规则。比如，一项任务同一岗位上的两个人都可以完成，当产生相关的任务后，派给哪个人完成，也可以在流程模型中定义这样的动态判断规则：基于这两个人当前的工作状况进行分派，员工 A 手上还有两项工作没有完成，员工 B 只有一项工作没有完成，那么新生成的工作就派发给员工 B。这就好比基于交通实时流量决定走哪条路。

上述景象的实现离我们并不遥远，相关技术已基本成熟了，其中最为关键的就是<流程路径规则>模型的构建。

6.4 社交功能：流程的润滑剂

6.4.1 社交功能在数字化流程中的作用

不知大家有没有发现，现在工作中使用邮件的频率大幅下降了，微信聊天替代了邮件收发。起初很多管理者是非常反对这样做的，作为个人的社交工具，在微信里沟通工作信息很不规范，手一滑还很容易将信息发给错误的对象。

但是，管理者逐渐发现这个趋势无法避免，因为客户开始用微信发信息。一些潜在客户甚至根本不提供邮箱地址，而是直接通过微信发送相关需求给业务人员。这种情况下，业务人员很自然地就会用微信回复客户或者进行内部讨论。原因很简单，快速和方便啊！久而久之，有相当一部分业务信息和记录就沉淀在微信中了，而公司内部的信息化系统中就缺失了这部分信息，如果不及时导出来进行归档，自然就会产生问题。

但是也不可能给客户下命令不允许使用微信。这是新的数字化技术对现有业务流程带来冲击的一个很好的例子。

关于微信对于现有业务流程的影响，再给大家举个例子。

有一家中小型的民营制造型企业，其管理者发现，很多员工开始私下用微信来取代系统中的流程进行工作。

比如，设备报修流程是有一套明确的管理要求和支撑的信息化系统的，但是有的工人在设备出现故障时不是第一时间发起流程，而是第一时间在微信里拉一个群，把相关人员都加进来，上传设备的图片或视频并说明故障情况。

关键是，这样通过拉群发信息的方式报修还真有人响应，并且过去修理。慢慢地，通过微信工作，事后再在 IT 系统中补流程就成为一种习惯了。

当然，随之而来的问题也很突出。比如，微信群越来越多，越来越庞杂，而且发信息的人还往往还不 @ 特定人员，导致很多人经常看到很多与自己不直接相关的信息或者信息多到很多人都懒得看了。而一旦出了什么问题，当事人会说："我在群里说了啊！"

所以，微信为这家企业的运行带来了很大的困扰，这家企业准备下令禁止使用微信传递工作信息。但是微信确实方便，很难完全禁止。

类似微信这样的数字化社交工具已经对人们的工作产生了很大的影响和冲击，与其去阻挡，还不如静下心来思考一下，大家为什么喜欢用，企业能不能主动引入这些技术，去建立更规范、合理和有效的使用方法，从而改进流程参与者的互动模式，提升流程效率和参与者的满意度？

6.4.2 流程沟通机制的数字化转型

事实上，一些企业已经开始尝试在其流程平台上融入数字化社交工具，并且带来了非常好的效果。比如，企业内部存在的大量审批审核类流程经常会发生退回情况，但是退回往往是要求申请者对某些材料或内容做进一步说明和解释，很多情况下，补充相关说明和材料后就会得到批准。但按传统流程平台的操作，须先退回再提交，这往往会导致流程效率降低，周期变长。

有些企业在流程中都增加了一个类似于微信的即时沟通工具，审批者有什么疑问并不直接退回，而是在此沟通平台中询问，申请者解答并补充某些材料。所有沟通信息都与此流程实例直接关联并一起归档，即留下了管理痕迹，可以追溯。仅此一项功能，该企业的流程退回情况就下降了 80% 之多，而且广受好评。其实，这也是很容易理解的。如果你递交了一份申请，但申请材料有点缺失，一种情况是退回给你，让你重新提交，另一种情况是有人加了你微信，让你补充说明一下，然后就让你过了，你更喜欢哪种方式？上述案例中，只不过是把加微信的功能直接内置在流程中，并将所有聊天记录和材料自动归档而已。

其实，稍微留意一下就会发现，在流程中嵌入社交功能在很多业务场景中已经得到了应用。在电商平台下单后，可与卖家直接交流，减少错发的情况；在流程中关联视频会议功能，可基于某一具体流程直接发起视频会议，并将会议录屏与本流程实例的信息一起归档；当设备出现故障时，可以在手机端直接发起沟通群，且同步自动发起流程。

在数字化时代，业务流程中嵌入社交功能是一个鲜明的特征。虽然社交功能并不能完全替代事项的流转，但可以减少退回和错误操作，提升反应速度和完成质量。从这个角度来看，业务流程中的社交功能就像是流程的润滑剂，可以让流程的运转更为高效和顺畅。

6.5 授权体系：流程的控制器

6.5.1 流程中如何构建授权模型

本书 2.4.2 节已说明，图 6-15 左侧所示<企业管控模式模型>中的<管控事项>就是<流程选择矩阵>中的<三级能力项>，而且一般用横坐标中的<场景>来进一步细分<管控事项>。在<流程选择矩阵>中，<场景>是用来解析<职能流程>的，因此每一个<场景>对应一个<职能流程>，所以<职能流程模型>是承接<企业管控模式模型>并将相应管控逻辑落地执行的载体。至此，从建模角度来说还有一个问题没有解决，即流程路径裁剪。

还是以图 6-15 所示的<设备采购申请流程>为例，<职能流程图>中有 5 个步骤，但不是所有情况下都会走这 5 个步骤。比如，当申请采购<国产设备且金额小于 200 万>时，只要走<申请采购设备>、<设备部门审核>和<主管副总审批>这 3 个步骤即可，而当申请采购<国产设备且金额大于等于 200 万>时，需要走 4 个步骤，即<申请采购设备>、<设备部门审核>、<主管副总审批>和<总经理审批>。

<职能流程图>中画的流程路径是可能发生的所有流程步骤，是流程步骤的全集，而不同业务场景下实际发生的流程路径由这个全集中的部分或全部步骤组成，这就是所谓的流程路径裁剪问题。

本书 2.4.1 节中提到，与图 2-23 中<流程权限表>对应的模型是在<职能流程图>中构建的。事实上，<流程权限表>模型的构建同时也是在解决上述流程路径裁剪问题，即遇到不同<授权规则组>时走不同的流程路径。

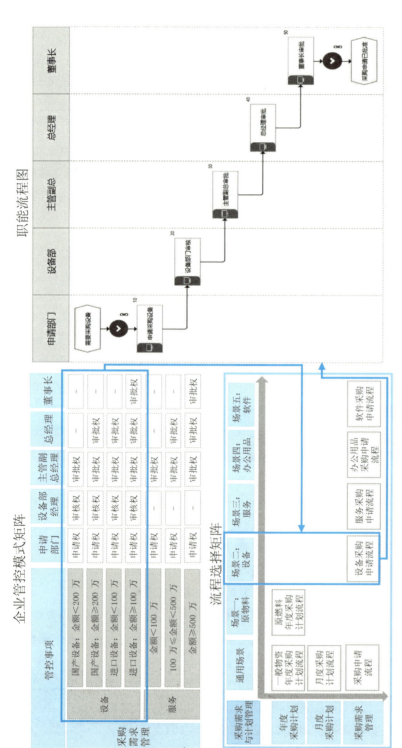

图 6-15 授权模型

<流程权限表>的构建方法如图6-16所示,即在<职能流程图>的逻辑符上挂接一个<流程路径选择表>模型。关于<流程路径选择表>,本书6.3.2节已有详尽说明,这里不再赘述。

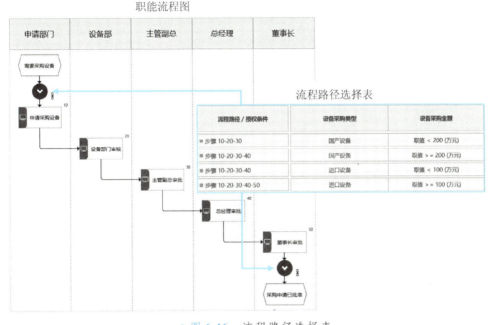

● 图6-16 流程路径选择表

6.5.2 授权管控体系的数字化转型

本书2.4.2节介绍了战略模型层面构建<企业管控模式模型>的方法,6.5.1节介绍了如何在运营模型层面通过<职能流程图>模型与<企业管控模式模型>实现对接。至此已经完成了电子文本形式的《企业责权管控表》和《流程权限表》的模型化处理,构建了数字化的授权体系模型。

数字化的模型可以自动检查<职能流程图>模型是否真正落实了<企业管控模式模型>中的管控要求。至少以下两项是可以自动检查的。

- <企业管控模式模型>中设定的不同场景下的管控环节与<职能流程图>模型中的设置是否一致。比如,当申请采购<国产设备且金额小于200万>时,<企业管控模式模型>设定应走<申请采购设备>、<设备部门审核>和<主管副总审批>这3个环节,<职能流程图>模型中是否也是完全一样的设定。
- <企业管控模式模型>中规定的不同场景下的管控层级与<职能流程图>是否一

致。比如，<主管副总审批>这个步骤在<职能流程图>模型中分配的角色是否确实是副总这个层级的人员或岗位。

上述两类问题过去都需要人工来校对，现在数字化模型可以自动校验，一旦发现有问题，可以亮出红灯以提醒流程负责人纠正<职能流程图>模型中的设定错误，如图 6-17 所示。

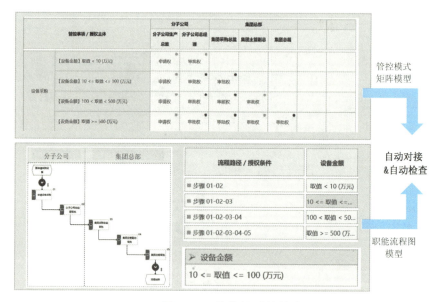

- 图 6-17　管控规则的检查

构建数字化模型是授权体系实现"数字孪生"的第一步，下一步就是在数字化流程平台中的落地执行，如图 6-18 所示。此时，最重要的技术环节就是将<职能流程图>模型推送到数字化执行平台上。这一环节有三种技术路线。

- 导出配置表。基于数字化模型导出 Excel 形式的授权表给 IT 人员配置落地系统，然后通过流程还原技术来检查两者的一致性。
- 开发接口。通常<职能流程图>模型可以导出符合 BPMN 标准的文件，如果数字化执行平台可以直接读取符合 BPMN 标准的文件，接口开发就会简单很多，甚至不再需要。
- 引入新一代的数字化流程引擎，直接基于数字化模型运行流程。

不管哪种方式，确保一致性都是根本目的。

灵活与合规似乎是对立的，但基于数字化技术，兼顾两者不再是不可企及的事情。如果构建了<企业管控模式模型>-<职能流程图模型>-<数字化执行平台>的闭

第 6 章
承接战略,构建"多、快、好、省、稳"的数字化流程

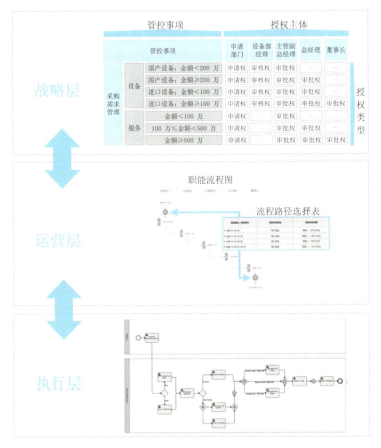

● 图 6-18 授权体系从战略到落地执行

环,企业根据内外部环境的变化随时调整管控模式,并迅速在数字化执行平台中落地实现,是完全可能实现的。同时,由于是在数字化执行平台运行流程,所以各个管控节点自然可以实现可视化的实时监控。

同样,优化分析也不再需要靠人工了,基于数字化模型可以从各个视角和维度进行统计和分析,可以从端到端流程的角度来可视化地分析审批审核环节,还可以基于流程实际运行的情况来分析哪些是不必要的"堵点"。

6.6 风控管理:流程的安全阀

如果将高速发展的企业比作商海中急行的船只,那么风险管理、内控管理、合

规管理、法律法规管理、廉洁风险管理等则是确保船只平稳安全的压舱石。随着数字化时代的到来，构建一体化、数字化的风险内控体系已经是大势所趋。

所谓"一体化"和"数字化"，简言之就是将与风险、内控、合规管理相关的主题整合为一套数字化的管理模型，并且与实际业务运行系统实现动态关联，构建"设计-执行-治理-优化"的"数字孪生"闭环，从而实现风险内控管理的数字化转型。

6.6.1 风控体系的数字化设计

所谓数字化设计，即采用数字化建模技术构建一体化的风险内控体系模型，并以多维可视的方式展示出来。当前，企业大多是采用Word、Visio、Excel等电子文件来描述风险内控体系，数字化建模就是放弃电子文件这个技术手段，构建结构化和要素化的管理模型，这也是企业管理数字化转型的关键一环。

法律法规是外源性输入文件，风险内控体系模型首先要实现本企业适用法律法规的结构化处理，构建内化管理文件与这些外部文件甚至是外部文件条款的承接关系。这样不但可以检查适用于本企业的法律法规是否完整落实到内部文件、流程、记录和岗位，使得企业可以更为高效地面对内外部的监管，而且即使外部法律法规有所变化，也可基于数字化模型自动识别哪些内部管理文件需要更新，涉及哪些岗位人员，甚至自动触发更新流程。

风险库是风险内控体系模型中最为核心的要素库，而业务风险的来源则是多方面的，内控、合规、廉洁、纪检监督都会识别出风险，这些风险应纳入一套统一的风险库，并且构建统一的内控措施。

在统一的风险及控制措施库的基础上，可分别构建<风险内控矩阵><合规检查矩阵><岗位廉洁风险矩阵>等对接不同管理专题的管理模型，如果需要输出内控手册、岗位风险表之类的文件，则统一由数字化模型自动生成，不再需要人工撰写。

风险控制相关的各类文档是否由数字化模型自动生成是数字化管理体系和文档化管理体系最明显的区别。数字化的风险内控管理体系模型是实现风险内控数字化管理的基础。

6.6.2 风控体系的数字化执行

在数字化模型的基础上，可实现如下风控工作的数字化运行。

- 制定内控测试计划，运行内控测试流程，跟踪缺陷整改过程，出具内控测试报告。

- 实现风险识别管理、风险评估管理、风险应对管理，出具风险报告。
- 收集合规信息，完成合规审查和测试，跟进合规整改过程，出具合规报告。

基于数字化模型直接运行上述流程，比如直接从模型库中选择风险和控制措施、直接运行模型中描述的审查和评价流程等，是数字化管理体系和文档化管理体系另一个明显的区别。

新一代数字化技术所支撑的数字化执行体系中，审查和评价流程不再需要技术人员基于 Word、Excel 形式的文件开发或配置 IT 系统；运行审查和评价流程时，执行人员可以直接从模型中选择已定义过的风险和控制措施，不再需要进行任何形式的二次录入。

6.6.3 风控体系的数字化治理

风险内控体系的数字化治理，包括如下两方面的内容：

- 风险要素的治理，即对数字化模型中的各类要素，特别是风险库和控制措施的增删改实现要素级的监控。同时，实现上述管理要素增删改相关流程的数字化运行。
- 业务风险的实时监控，即与实际的业务系统进行对接，实现业务风险的实时监控。这类监控是风险内控数字化管理体系中最具挑战的环节，因为这类监控有两个相互对立的管理诉求：一方面希望这样的监控最好不要影响实际业务的运转，特别是不要降低实际业务的运行效率；另一方面又希望能及时预警和防控正在发生的业务风险。所以这类监控需要从管理诉求的角度进行平衡，"鱼和熊掌"很难兼得。不过随着大数据、人工智能等新一代数字化技术的不断发展，"鱼和熊掌兼得"的可能性也越来越大。

6.6.4 风控体系的数字化优化

利用大数据和流程还原技术，获取流程的实际运行数据，并与虚拟的风险内控模型对接，构建基于风险内控模型的优化体系。总体来说，包括如下两方面的优化分析。

- 风险内控审查和评价流程的优化，包括消除风险点、提高效率和降低成本。
- 风险和内控措施的优化。通过分析风险内控相关流程及流程步骤的发生频率、职能分布、人员分布，调整控制措施和力度、识别新的风险，从而实现企业风险内控体系的整体优化。

第 7 章 承接战略,构建"自动化"和"智能化"的数字化流程

7.1 流程机器人:帮助企业实现流程自动化

7.1.1 流程自动化:流程机器人时代已经到来

RPA 是 Robotic Process Automation 的缩写,直译是"机器人流程自动化",通常又称为"流程机器人"。

流程机器人是模拟人工在信息系统界面进行操作的数字化技术。这种技术基于预先设置好的操作规则,模拟人工在系统界面上进行复制、粘贴、删除、点击和输入等各类操作,替代人工完成作业,从而实现此类<业务活动(流程步骤)>的自动化。

可以用流程机器人技术实现流程自动化的<业务活动(流程步骤)>须具备以下条件。

1)是机械性重复的活动,操作过程固定,操作规则明确,没有任何模糊性和不确定性。

2)输入信息是数字化的,或者可以通过影像识别、语音识别及人工智能实现数字化转化。

本书 5.1.4 节提到过<订单至收款(OTC)端到端流程>的一个片断(见图 5-19),其中,<销售合同录入流程(CRM)><产品改造设计流程(PLM)><订单产品设计流程(PLM)><销售订单录入流程(ERP)>这四条职能流程分别在 CRM、ERP、PLM 三套系统中运行,且这三套系统之间没有构建系统接口,是靠人工的输入来传递信息,这四条职能流程之间存在着系统断点。

如果在 CRM、ERP、PLM 这三套系统中转录数据的操作过程是固定的,操作规则是明确且没有歧义的,那么转录数据的工作就完全可以由流程机器人替代人工完成,同时相当于消除了其中的系统断点和信息断点。用流程机器人技术消除系统断

点和信息断点有以下优点。

1）不需要进行系统接口的开发，无须改变现有系统，这种方式通常称为"非侵入式连接"，这是流程机器人技术的最大特色。

2）由于流程机器人是通过配置来定义操作过程和规则的，所以修改和调整也较系统接口开发容易得多。

3）流程机器人不需要休息，可以 24 小时工作。

4）流程机器人的工作不会受人为因素干扰，可以规避很多管理问题。还记得 5.1.4 节提到的管理漏洞吗？负责录入的人员往往会在相近的时间收到多个设计团队完成的设计稿，他们可以人为决定先录入哪个，有可能挑容易录的先录，或者与某位销售人员的关系好就先录入此销售人员的合同。如果由流程机器人来完成数据转录工作，这个管理漏洞自然也就不存在了。

总之，流程机器人技术相较于开发系统接口要简单和快速得多。但是必须指出，流程机器人技术也有其局限性。由于是模拟人工进行操作，所以同样需要操作时间，如果人工是一个一个录入数据项的，流程机器人也会一个一个录入，就数据传递的效率而言，自然同数据接口无法相比。因此，对于大批量、长时间的数据传递，还是应该开发系统接口。

7.1.2 流程智能化：流程机器人已经开始识别和思考

流程机器人技术本身只能基于预置的规则进行工作，不具有人工智能的能力，但是，在流程机器人中融入各类人工智能技术，就可以让流程机器人开始识别和思考。

在流程机器人中融入识别图文（OCR）技术和解读手写体的智能字符识别（ICR）技术，就可以让它识别客户发票等文档上的字段位置，进而从各类单据中识别并提取财务数据，进行发票处理、报税等。

在流程机器人中融入自然语言处理（NLP）和自然语言生成（NLG）技术，就可以从非结构性文本中抽取信息，形成格式化的录入数据，从而可以从合同文本中抽取信息，自动录入到合同审批系统，或者从简历文本中抽取信息，自动录入到人力资源管理系统等。

运用人工智能的机器学习和深度学习技术，模拟人类的认知和思考过程，还能让流程机器人进行一些简单的逻辑判断。例如，保险公司在"理赔"这个流程环节里融入人工智能和机器学习技术，当人工智能检测不到潜在的欺诈行为时，流程步骤由流程机器人自动完成，进入下道赔付环节；当人工智能检测到潜在的欺诈行为时流程机器人自动提交到人工审查的环节。此时，相当于在流程中增加了一个由流程机器人自动完成的<理赔申请审核>环节。

7.2 流程挖掘：帮助企业发现和分析流程

7.2.1 什么是流程挖掘

在当前的数字化热潮中，流程挖掘（Process Mining）被提及的频率越来越高。所谓"流程挖掘"，其实质就是基于流程运行后已产生的数据还原出流程路径图，然后再进行各种深入分析。

流程挖掘是一种方法也是一套软件，这套软件是基于信息系统中的事件日志来工作的。流程挖掘软件通过对日志数据的处理来发现、监测和改进系统内实际运行的流程。

事件日志中最重要的信息就是事件（对应一个活动或者任务）的时间戳，即开始时间和完成时间。比如，A活动的完成时间等于B活动的开始时间，那么就认为A和B是前后串联的两个步骤；如果A活动和B活动的开始时间相同，则认为这两个活动是流程中的两个并发步骤。各种流程挖掘软件中内置的算法比基于时间戳的基本算法要复杂得多，适用于各种不同的规则和场景。流程挖掘算法的优劣是不同流程挖掘软件厂商比拼的重点之一。

上述的事件日志主要包括如下信息。

- 实例号：Case ID（指流程的实例号）。
- 事件号：Event ID。
- 事件名称。
- 时间戳（Time Stamp）。
- 该事件中与分析目的相关的其他业务数据。

很多人经常会有一个疑问，通过事件日志数据来挖掘流程，可以分析流程瓶颈、退回次数等，这些用数据挖掘技术也完全可以实现，两者之间有什么本质的区别吗？是否企业已引入的数据挖掘工具就已经包含了流程挖掘的功能？

两者最大的区别在于流程路径图。

如果需要看到流程路径图（见图7-1），那么就需要流程挖掘工具，传统的数据挖掘工具做不到。

第 7 章
承接战略,构建"自动化"和"智能化"的数字化流程

点和信息断点有以下优点。

1)不需要进行系统接口的开发,无须改变现有系统,这种方式通常称为"非侵入式连接",这是流程机器人技术的最大特色。

2)由于流程机器人是通过配置来定义操作过程和规则的,所以修改和调整也较系统接口开发容易得多。

3)流程机器人不需要休息,可以 24 小时工作。

4)流程机器人的工作不会受人为因素干扰,可以规避很多管理问题。还记得 5.1.4 节提到的管理漏洞吗?负责录入的人员往往会在相近的时间收到多个设计团队完成的设计稿,他们可以人为决定先录入哪个,有可能挑容易录的先录,或者与某位销售人员的关系好就先录入此销售人员的合同。如果由流程机器人来完成数据转录工作,这个管理漏洞自然也就不存在了。

总之,流程机器人技术相较于开发系统接口要简单和快速得多。但是必须指出,流程机器人技术也有其局限性。由于是模拟人工进行操作,所以同样需要操作时间,如果人工是一个一个录入数据项的,流程机器人也会一个一个录入,就数据传递的效率而言,自然同数据接口无法相比。因此,对于大批量、长时间的数据传递,还是应该开发系统接口。

7.1.2 流程智能化:流程机器人已经开始识别和思考

流程机器人技术本身只能基于预置的规则进行工作,不具有人工智能的能力,但是,在流程机器人中融入各类人工智能技术,就可以让流程机器人开始识别和思考。

在流程机器人中融入识别图文(OCR)技术和解读手写体的智能字符识别(ICR)技术,就可以让它识别客户发票等文档上的字段位置,进而从各类单据中识别并提取财务数据,进行发票处理、报税等。

在流程机器人中融入自然语言处理(NLP)和自然语言生成(NLG)技术,就可以从非结构性文本中抽取信息,形成格式化的录入数据,从而可以从合同文本中抽取信息,自动录入到合同审批系统,或者从简历文本中抽取信息,自动录入到人力资源管理系统等。

运用人工智能的机器学习和深度学习技术,模拟人类的认知和思考过程,还能让流程机器人进行一些简单的逻辑判断。例如,保险公司在"理赔"这个流程环节里融入人工智能和机器学习技术,当人工智能检测不到潜在的欺诈行为时,流程步骤由流程机器人自动完成,进入下道赔付环节;当人工智能检测到潜在的欺诈行为

时流程机器人自动提交到人工审查的环节。此时，相当于在流程中增加了一个由流程机器人自动完成的<理赔申请审核>环节。

7.2 流程挖掘：帮助企业发现和分析流程

7.2.1 什么是流程挖掘

在当前的数字化热潮中，流程挖掘（Process Mining）被提及的频率越来越高。所谓"流程挖掘"，其实质就是基于流程运行后已产生的数据还原出流程路径图，然后再进行各种深入分析。

流程挖掘是一种方法也是一套软件，这套软件是基于信息系统中的事件日志来工作的。流程挖掘软件通过对日志数据的处理来发现、监测和改进系统内实际运行的流程。

事件日志中最重要的信息就是事件（对应一个活动或者任务）的时间戳，即开始时间和完成时间。比如，A活动的完成时间等于B活动的开始时间，那么就认为A和B是前后串联的两个步骤；如果A活动和B活动的开始时间相同，则认为这两个活动是流程中的两个并发步骤。各种流程挖掘软件中内置的算法比基于时间戳的基本算法要复杂得多，适用于各种不同的规则和场景。流程挖掘算法的优劣是不同流程挖掘软件厂商比拼的重点之一。

上述的事件日志主要包括如下信息。
- 实例号：Case ID（指流程的实例号）。
- 事件号：Event ID。
- 事件名称。
- 时间戳（Time Stamp）。
- 该事件中与分析目的相关的其他业务数据。

很多人经常会有一个疑问，通过事件日志数据来挖掘流程，可以分析流程瓶颈、退回次数等，这些用数据挖掘技术也完全可以实现，两者之间有什么本质的区别吗？是否企业已引入的数据挖掘工具就已经包含了流程挖掘的功能？

两者最大的区别在于流程路径图。

如果需要看到流程路径图（见图7-1），那么就需要流程挖掘工具，传统的数据挖掘工具做不到。

第 7 章
承接战略，构建"自动化"和"智能化"的数字化流程

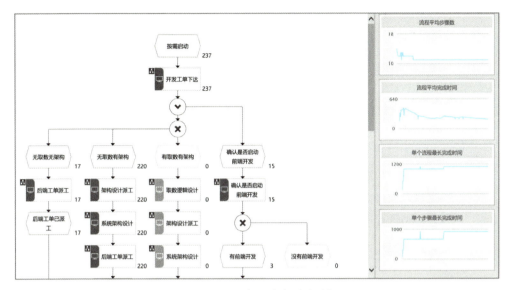

- 图 7-1 流程路径分析界面

如果不需要看到流程路径图，而只需要图 7-2 所示的数据分析界面（表格、柱状图、饼图等），传统的数据挖掘软件完全可以实现。

- 图 7-2 数据分析界面

用学术语言表述就是：流程挖掘工具支持用并发语义的过程模型来表征挖掘结果，而数据挖掘工具不支持。

另外，还有一个重要的区别在于流程挖掘工具已内置了各种与流程相关的算法，传统的数据挖掘软件则往往没有，而是需要使用者自行构建算法。

7.2.2 流程挖掘的作用和价值

国际电气与电子工程师协会（IEEE）发布的"流程挖掘宣言"中给出了流程挖掘的三大应用场景。

- 流程模型发现（Process Discovery）：即从事件日志数据中挖掘出流程模型，并用流程图和数据指标来展现。
- 模型符合性检查（Conformance Check）：即将挖掘出的流程模型与一个预设流程模型进行比对，监测实际运行的流程与设计流程之间是否存在偏差、存在哪些偏差。
- 业务流程改进（Business Process Improvement）：即基于挖掘出的流程模型进行增强分析，比如分析流程的瓶颈和关键路径、未被发现的事实或者可用的资源等，从而为流程改进和优化提供依据。

这三大应用场景即概括了流程挖掘的主要作用和价值。

7.2.3 流程挖掘能替代流程梳理吗？

如果部署了流程挖掘工具是否就不再需要进行人工的流程梳理了？很遗憾，还是需要的。

很多人误以为，引入了流程挖掘工具就可以完全自动地将信息系统中的流程还原出来，管理者只要基于结果进行监控和分析即可，这是不正确的理解。之所以还需要进行人工的梳理流程，原因如下。

（1）哪些事件属于一条流程，是人告诉流程挖掘软件的

一套信息化系统中有大量业务活动和相应的事件日志，究竟哪些属于一条流程，这是人工梳理后导入流程挖掘工具的。比如，<申请报销>这个活动的事件日志和<申请休假>这个活动的事件日志，如果人为强行将其作为一组活动导入流程挖掘软件，软件就会将这两个活动还原成同一流程内的两个步骤，不管是串联还是并发，因为软件最基本的算法依据是两个活动的时间戳，它不会也不可能自动识别出这两个活动不属于同一条流程。因此，功能性系统（ERP、HR、财务）等不是由流程引擎驱动的系统，哪些活动属于一条流程是先由人工梳理，比如人工关联流程实例关系，然后将对应的历史数据导入流程挖掘软件进行挖掘处理的。

当然，OA或BPMS等以流程引擎驱动的系统，其本身就有一个流程实例号，就

第7章 承接战略，构建"自动化"和"智能化"的数字化流程

不需要人工梳理了，可以基于流程实例号来自动识别哪些活动属于同一个流程。

如果一条端到端流程的不同阶段分别在不同的信息化系统中落地，而且有的环节还是人工作业环节，那么流程挖掘软件就更不可能自动识别并进行处理了，而是必须先由人工进行端到端流程的梳理，并将可以进行流程挖掘的片断整理成一个个独立的数据包导入流程挖掘平台，方可对相应的流程片段进行挖掘处理。

（2）流程挖掘还原的结果是有精准度的

通过流程挖掘平台理出的流程往往都会有精准度的概念，比如95%或98%之类，这说明流程挖掘的结果不是100%准确的。那么，如何准确还原企业流程运行的情况？

这就需要对挖掘结果进行人工梳理。由于流程挖掘是基于大数据进行处理，所以历史数据量越大精准度越高，数据量越少则精准度越低。如果一条流程有三个不同的路径，在过去半年只有两条路径跑过实例，另一条没有，那么没有跑过的路径就没有历史数据，流程挖掘软件只会显示出两条路径，它不会告诉你还有一条路径。所以，对于流程分叉路径，输入数据中所含不同实例场景的多少对其精准度的影响会比较大。

总之，流程挖掘软件自动计算的结果一般还需要进行人工处理（比如进行数据清洗），然后才能交付管理者进行监控和优化分析。

（3）符合性和一致性检查需要事先梳理预设流程模型

"流程挖掘宣言"提及的三大场景中，第二个场景是符合性检查，即和一个预设的流程模型进行对比，检查实际运行的流程是否与预设的流程一致，是否存在运行偏差。换句话说，需要先人工梳理一个模型，这是一个流程的设计稿，然后再将挖掘出的实际模型与设计模型进行比对。

7.3 流程还原：帮助企业监控和分析流程

7.3.1 什么是流程还原

流程挖掘有时也称为流程还原，但EBPM方法论中提到的"流程还原"是特指一种与流程挖掘不同的数字化技术。

图7-3所示为流程挖掘的工作原理示意图。流程挖掘是基于执行系统中的事件日志信息还原出信息化系统内流程的实际运行情况，并以流程路径图的形式进行展现。

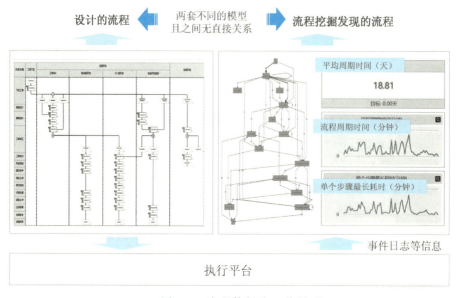

● 图 7-3 流程挖掘的工作原理

如果管理者不清楚系统内的流程是如何运行的，借助流程挖掘可以帮助企业发现流程，但是，通过流程挖掘工具发现的流程，与流程管理者设计的流程模型之间没有模型层面的直接关系，所谓的模型符合性检查主要是通过人工比对两套模型来完成的。因此，流程挖掘最核心的价值就是"发现"。

图 7-4 所示为 EBPM 方法论中流程还原的工作原理示意图。与流程挖掘最大的区别是设计的流程与还原分析的流程是**同一套**流程模型。

（1）流程还原的取数

在取数这个环节，流程还原与流程挖掘是一样的，都是从信息化执行体系中取如下所示的事件日志及其他相关信息。

- 实例号（Case ID，指流程的实例号）。
- 事件号（Event ID）。
- 事件名称。
- 时间戳（Time Stamp）。
- 该事件中与分析目的相关的其他业务数据。

（2）流程还原是"找到"和"标识"

流程还原与流程挖掘的区别在于取到数后的处理方式。流程还原不是通过算法

第 7 章
承接战略，构建"自动化"和"智能化"的数字化流程

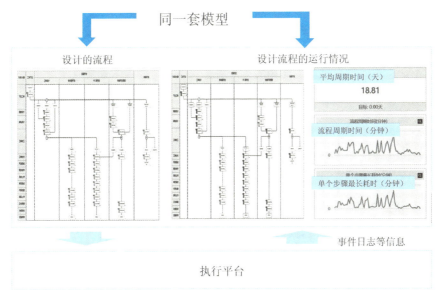

● 图 7-4　流程还原的工作原理

算出信息化系统内流程的运行路径，而是直接在设计的流程模型中**找到**对应的流程步骤，并将实际运行数据**标识**到这个步骤上。

所以流程还原是"找到"不是"发现"。那么，会找不到吗？当然可能，这就是不符合点，即在信息化系统内实际发生的流程步骤在设计的流程模型中不存在。因此，流程还原在查找的过程中直接完成了一致性的比对。

7.3.2　流程还原的作用和价值

流程还原是构建流程管理体系"数字孪生"闭环的关键技术。为了说明这一点，不妨类比一下城市智慧交通管理系统，如图 7-5 所示。

构建城市智慧交通管理系统的第一步是通过数字化测绘和建模技术构建城市道路交通网的数字化模型，也就是所谓的"数字化地图模型"，然后在实际道路、路口和地点设置数据采集点，采集交通运行的实况数据并回传给数字化地图模型。取到数后，**不是通过算法重新算出**城市的数字化地图模型，**而是**在已经构建好的数字化地图模型上**找到**对应的道路、路口和地点，并将对应的数据**标识**到地图模型上，于是就可以在数字化的模型中看到实际路况，从而完成了交通管理系统的"数字孪生"闭环。

有了上述交通管理系统的"数字孪生"闭环，接下来就可以进行路径导航、路

● 图 7-5 智慧交通管理系统

况预测、实时疏导，也可以给城市道路交通系统后续的优化改造提供重要的参考数据。

与城市智慧交通管理系统类似，构建数字化流程管理系统的第一步是通过流程梳理和建模技术构建流程管理体系的数字化模型，也就是所谓的数字化流程模型。此时，流程挖掘可以认为是流程梳理的一种重要技术手段，帮助企业梳理和显性化系统中实际运行流程的情况，并且根据挖掘出的流程构建数字化流程模型。

然后，在实际运行流程的数字化系统中设置数据采集点，采集流程相关的各类数据并回传给已构建好的数字化流程模型。此时，不需要再算出流程模型，而是直接在已有的数字化流程模型上找到对应的流程环节，将数据标识到流程模型上。于是，就可以在数字化的流程模型中看到企业流程运行的实际状况，从而完成了流程管理系统的"数字孪生"闭环。

有了上述流程管理系统的"数字孪生"闭环，接下来就可以进行路径导航、路况预测、实时疏导，也可以给企业流程体系后续的优化改造提供重要的参考数据，如图 7-6 所示。

第 7 章
承接战略，构建"自动化"和"智能化"的数字化流程

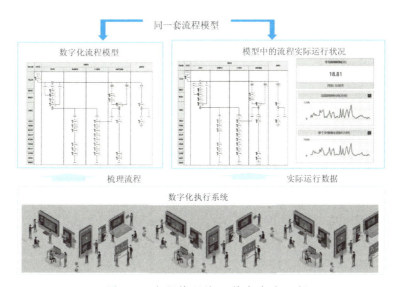

● 图 7-6 流程管理的"数字孪生"闭环

案例篇：

流程及流程管理数字化转型和优化案例

第 8 章 流程优化案例：合同至回款（OTC）端到端流程

本书很多章节都曾以博阳家居<合同至回款（OTC）端到端流程>为例来说明与流程数字化转型和优化相关的各种原理、规则和方法。本章将完整介绍一下这个案例，完整的流程图见插页。

8.1 目标绩效有取数点吗？

在本书 6.1.1 节中介绍过，博阳家居的管理者希望将<合同按时交付率>从 80% 提升至 95% 以上，以便在市场竞争中占得有利位置。6.1.1 节的优化分析结果是：博阳家居的管理者最终设定的<开始交付时间>不是图 8-1 所示五种定义中的任何一种，而是<首付款到账日>。

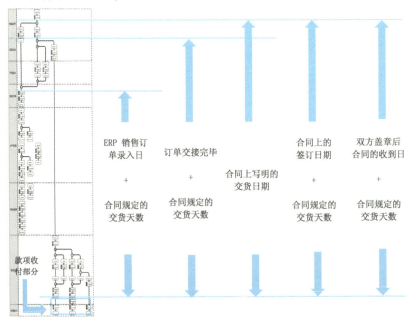

• 图 8-1 排除的五种取数点

因此，<合同按时交付率>从 80% 提升至 95% 以上的优化目标已经转化为尽可能缩短<首付款到账日>至客户<出具验收报告单>的周期天数。

在 6.1.1 节已经明确，流程优化的目标绩效必须明确到取数点，那么以此标准再来审视一下本案例，至此优化目标明确了吗？

答案是：没有明确！

如图 8-2 所示，在本端到端流程的起始部分，没找到与首付款相关的职能流程，所以<首付款到账日>这个绩效指标因子找不到可以关联取数点的<业务活动（流程步骤）>。取不到数自然算不出值，那流程优化就没有衡量器了。

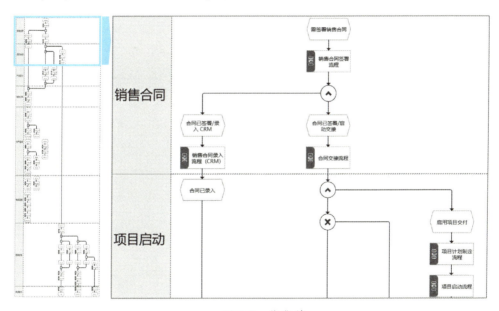

• 图 8-2　优化前

因此，在确定优化目标时，就已经发现了一个因流程缺失而导致的流程断点，第一个流程优化点已经出现了。

如图 8-3 所示，在<销售合同签署流程>完成后，应补上<开票收款流程>，消除这个流程断点。此处的<开票收款流程>与本端到端流程末段安装验收后的<开票收款流程>是同一条职能流程。除非有特别的管理需求，收首付款、收阶段款、收验收款、收尾款的职能流程完全可以复用同一条<开票收款流程>，这充分体现了端到端流程由职能流程组装而成的特点。

如图 8-4 所示，至此终于明确了优化的目标绩效及取数点，回答了"究竟要优化什么"这个问题。

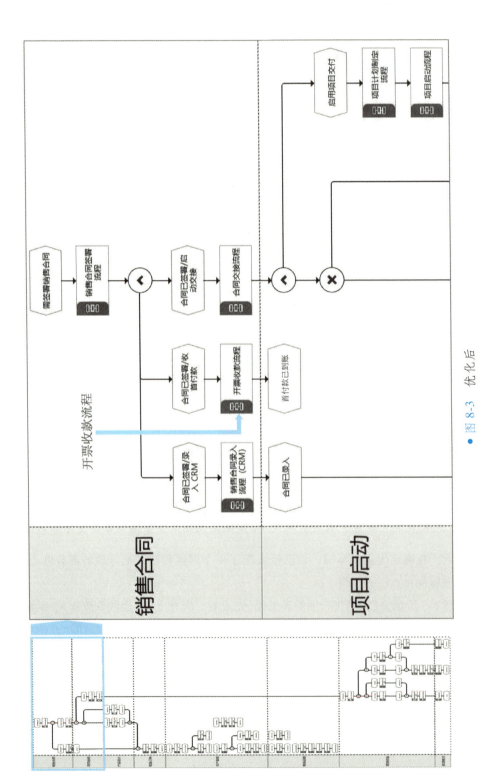

● 图 8-3 优化后

第 8 章
流程优化案例：合同至回款（OTC）端到端流程

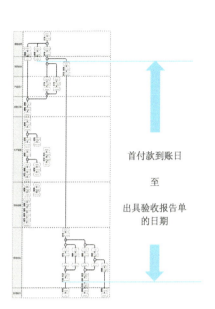

图 8-4 最终取数点

8.2 消除断点，打通"七经八脉"

明确了优化的目标绩效，接下来就要展开进一步的优化分析了。本书 5.1 节中专门介绍了识别和消除端到端流程四类断点的方法。通过消除各类断点，确保端到端流程"连得通，转得动"，对任何端到端流程来说都是最基本的要求。如果想要通过引入新一代的数字化技术来实现端到端流程的数字化转型，进而实现端到端流程的整体优化，"连得通，转得动"也是前提条件。接下来用 5.1 节中介绍的方法来检视一下该端到端流程。

8.2.1 消除流程断点

从起点<开票收款流程>开始分析。之所以将<首付款到账日>作为交付周期的起算日期，博阳家居的董事长是这样解释的：一是比较明确，双方不会有歧义；二是收到首付款，博阳家居才开始备货，即采购原材料，不然就不应启动备货。在<首付款到账日>前，可以先进行合同的前后方团队交接工作和产品设计工作，这可能会投入人力成本，但是绝不能备货，否则，一旦客户需求有变（比如客户要求延期交付，首付款也延期支付），博阳家居的损失会比较大，而这种情况发生的次数还不算少。

基于上述管理逻辑来检视现有的<合同至回款（OTC）端到端流程>，可以看到<收到首付款才备货>这个规则没有在流程中得到体现。事实上，博阳家居原材料的备货也不是一个订单备一套货，而是由ERP系统基于<销售订单>运行<物料需求计划（MRP）>来自动计算并批量备货，所以控制点应在<销售订单录入流程（ERP）>这个环节，只要未收到首付款的销售订单没有录入ERP系统，就不会纳入MRP计算中，也就不会为此合同备货了。因此，接收首付款的<开票收款流程>完成后，才能触发<销售订单录入流程（ERP）>，这两条职能流程间是有直接触发关系的。

如图8-5所示，触发<销售订单录入流程（ERP）>必须有三条职能流程<销售合同录入流程><开票收款流程><产品改造设计流程（PLM）>（或<订单产品设计流程（PLM）>），即只有上述三条职能流程都运行完毕了，才能共同触发<销售订单录入流程（ERP）>，它们缺一不可。

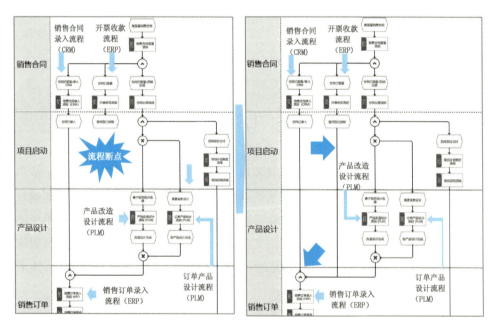

● 图8-5 消除流程断点（一）

于是，又一个流程优化点出现了，如图8-5右侧所示，应将<开票收款流程>与<销售订单录入流程（ERP）>串联起来，构成有直接触发关系的前后串联流程。原来没有直接连起来是错误的，是又一个流程断点。

另外，关于收款，每个项目都有三个节点：签订合同后的首付款、入场安装前的阶段款（收到阶段款才入场安装）、项目验收后的验收款。审视一下当前的端到端流程图，入场安装前的阶段款（收到阶段款才入场安装）也没有触发相应的职能流程，即流程缺失，还存在流程断点。

如图 8-6 所示，在<项目入场确认流程>结束后触发一个<开票收款流程>，消除这笔收款的流程断点。

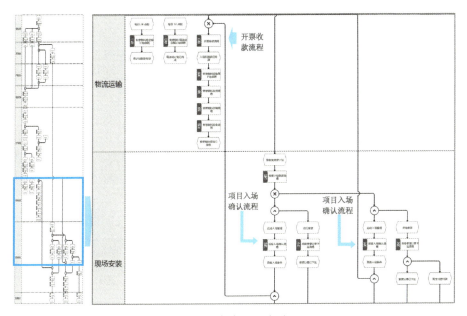

● 图 8-6　消除流程断点（二）

8.2.2　消除系统断点

如图 8-7 所示，5.1.4 节已经对<合同至回款（OTC）端到端流程>进行了系统断点的分析。现在又增加了<开票收款流程>，同时将<销售合同签署流程>也一并考虑进来。此时流程就更复杂了。图 8-7 右侧标识出的五条职能流程分别在 CRM、ERP、OA、PLM 四套信息系统中运转，而且都是通过人工发起的方式触发下一个流程。通过人工录入的方式将信息从一套系统传递给另一套系统，这些都是所谓的系统断点。

系统断点会导致流程触发不及时、信息流转不一致和流程运行迟滞。严重时甚至会造成管理混乱。为了达成"<首付款到账日>至客户<出具验收报告单>的周期尽可能短"这一流程优化目标，这一部分当然需要进行优化。所以，又一个流程优化点产生了，即消除这部分的系统断点。

首先，可以通过数字化的流程引擎来自动触发流程，提高流程触发的可靠性和敏捷性，前提是所有这些活动都通过数字化的引擎来派发任务。

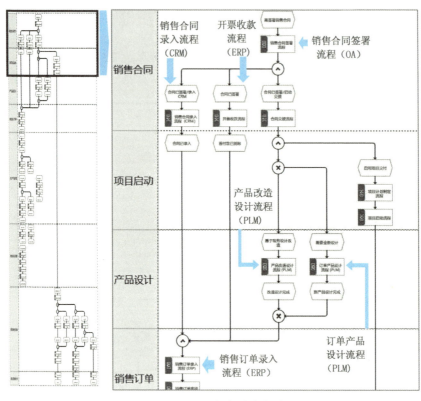

• 图 8-7　存在系统断点

另外，本书 7.1 节介绍了流程机器人技术，如果在四套系统中转录数据的操作过程是固定的，操作规则是明确且没有歧义的，那么转录数据的工作就完全可以由流程机器人替代人工完成。当然，也可以采用开发系统接口的方式。

8.2.3　消除信息断点

如图 8-8 所示，<合同交接流程>直接触发的后置设计流程有两条：<产品改造设计流程>和<订单产品设计流程>，这两条流程是"异或"逻辑，即每一个合同只能触发其中一条。所谓产品改造设计，是指楼盘需要的衣柜只要在博阳家居给其他楼盘提供过的产品基础上稍加修改即可，比如换个颜色。这样的话，交付周期会较短且更有保障，同时销售报价也可以适当低一点。

然而，在实际运行中发现，在完成<合同交接流程>的最后一个步骤<召开合同交接会>时，没有标识一个关键输出信息，即如果是基于已生产过的产品改造，那么究竟是哪一个项目中生产过的哪一款产品？同时，在<产品改造设计流程>的第一个

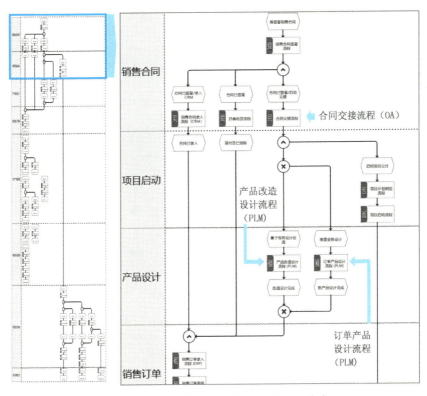

● 图 8-8 <产品改造设计流程>的触发

步骤<出具改造方案>中,这一项关键输入信息也没有明确标识。显然,这时有一个明显的信息断点,如图 8-9 所示。

深入调研后,发现问题更为严重。由于基于已生产过的产品进行改造,博阳家居允许销售部门给客户承诺更短的交付周期。同等情况下,较完全重新设计的产品,改造类的产品可以报出更优惠的价格,所以销售在与别的供应商竞争较为激烈时,经常把产品自定义为改造类,并基于改造类产品承诺交货期和提供报价。事实上,改造类的产品常常是销售认为可以改造。基于哪一款改造,那就交由设计团队自己去找了。为此,设计部门经常打趣自己是"考古部门",因为常常需要从"故纸堆里"去找可以改造的产品。

另外,图 8-10 右侧所示为<产品改造设计流程><订单产品设计流程>展开后的职能流程图。可以看出,这是两条完全不同的设计流程,投入的资源和所需的周期也是不同的。现实情况下,由于"考古"经常没有结果,所以虽然签的是改造类合同,走得也是<产品改造设计流程>,但事实上设计团队是完全重新进行设计。在设

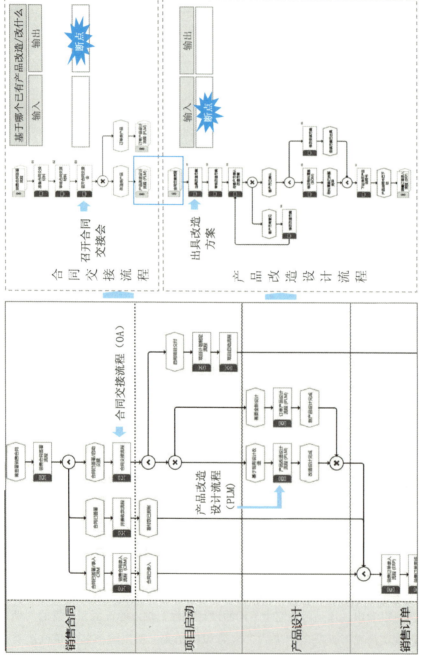

图 8-9 存在信息断点

第 8 章
流程优化案例：合同至回款（OTC）端到端流程

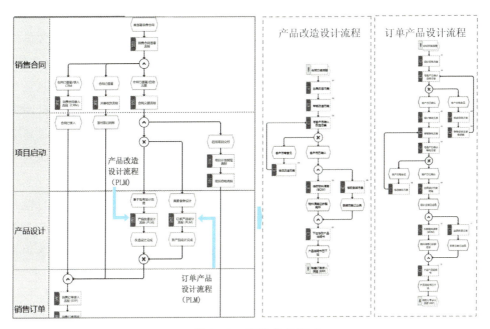

- 图 8-10 消除信息断点

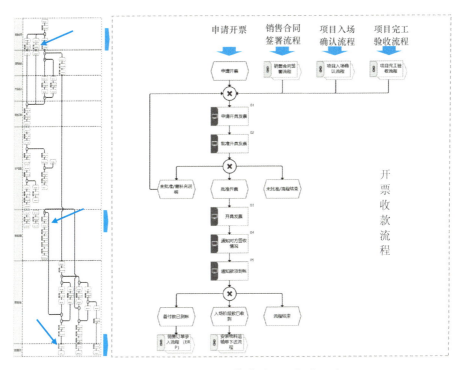

- 图 8-11 <开票收款流程>出现三次

计阶段有这么大的出入，常常导致合同订单延期交付。

消除信息断点时，将输入输出信息标识清楚是相对比较容易的，而在流程运行时，确保输入的信息会输入、输出的信息被输出就不那么容易了。消除此信息断点，仅规定销售团队必须输出"基于哪一款已经生产过的产品进行改造"这个信息是不够的，设计团队在售前阶段就必须介入，即在售前投标阶段就应由销售和设计团队共同确认是否可以基于某款已生产过的产品进行改造。这部分优化并不在本端到端流程中。这也是经常会遇到的情况，即要优化某个端到端流程，还需要对其他的端到端流程进行改造。

事实上，博阳家居为此还引入了新一代的数字化辅助设计系统，可以通过输入潜在客户的一些需求指标自动搜索过往的产品方案，计算相似度，由系统协助判断是否基于过往某个客户的方案修改就行了。数字化系统甚至还可以用过往不同客户方案的不同部分智能化地拼出一个新方案，基于系统自动拼出的新方案修改就可以了。

8.2.4 消除组织断点

如图 8-11 左侧所示，在<合同至回款（OTC）端到端流程>中，<开票收款流程>出现了三次，分别是首付款、入场阶段款、验收完工款。从图 8-11 右侧<开票收款流程>展开后的流程图顶部的流程接口也可以看出收款点在哪儿。

如图 8-12 所示，目前<开票收款流程>的第一个步骤<申请开具发票>关联的角色

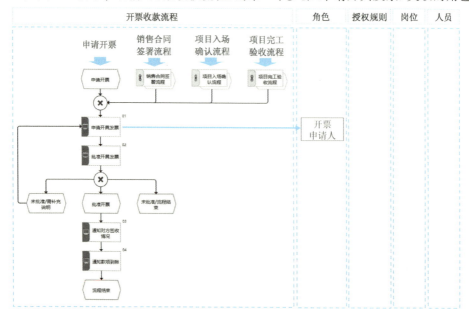

- 图 8-12　流程执行人未明确至人

是<开票申请人>,没有明确至人,这里存在一个明显的组织断点。这是流程的设计图现状,那么实际运行时,执行者能通过"脑补"、"打听"和"试试"三大法宝消除这个组织断点吗?

经调研,发现还真没有。

<销售合同签署流程>结束后,由销售人员负责<申请开具发票>没有什么歧义,但<项目入场确认流程><项目完工验收流程>结束后,究竟应由销售人员还是项目经理申请开票,却很不清晰,两方面还相互推诿。这不但会影响公司的现金流,也影响了交付周期——没有收到入场阶段款就不能发货,不发货自然就不能安装。如果项目组已经入场,那就只能在现场干等了。

为什么要推来推去?因为博阳家居规定,谁申请开票就由谁负责催收,而谁都不愿承担催收的责任。

项目经理的说法是:收款是商务方面的事,应由销售统一负责。

销售人员的说法是:何时可入场、何时项目验收完毕,项目经理最清楚,他们应在第一时间发起开票申请,由销售发起会滞后。

博阳家居管理团队讨论后,决定统一由销售人员负责申请开票和催收,并通过数字化流程引擎在具备入场条件及项目验收完成后自动派发<申请开具发票>这个任务给销售人员,以确保其在第一时间知道项目的状况并申请开票。

基于上述决定,流程主人在流程模型中构建了图 8-13 所示的<角色人员授权表>。至此,这个组织断点消除了吗?其实还没有,因为还没有落实到人。

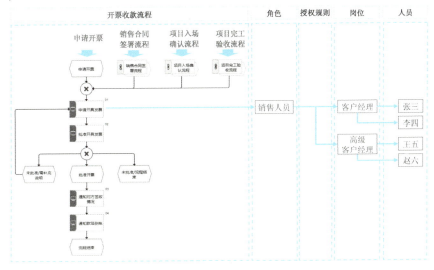

• 图 8-13 消除组织断点(一)

事实上，还需要加上<授权规则：该合同的客户经理>，如图 8-14 所示。

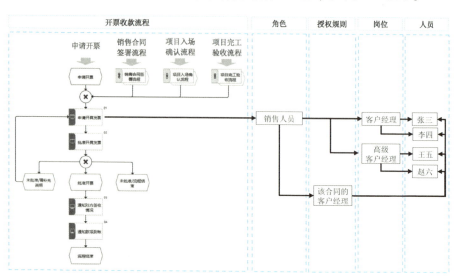

- 图 8-14　消除组织断点（二）

如果是由人工判断下一步骤完成人，本场景下通过"脑补"一般能够知道不是所有销售人员负责申请开票，而是当前合同的客户经理负责，即最后还是能人工选择某个人，并将<申请开具发票>的任务派发给他，而不是派发给所有销售人员。只不过，哪个合同是哪个客户经理，估计还是要借助"打听"这个法宝。

但是，在数字化流程平台中运行时，如果要系统自动派发任务，<授权规则：该合同的客户经理>是必须加上的，只有这样，数字化的流程引擎才会基于当前流程实例中的合同自动找到负责的销售人员，并将<申请开具发票>这个待办事项自动派发给他。

8.3　消除冗余，实现流程精益化

如图 8-15 所示，在<合同至回款（OTC）端到端流程>的销售订单部分，有两条职能流程：<销售订单录入流程><销售订单审核下达流程>。<销售订单审核下达流程>中，在 ERP 系统的销售订单下达前还有多道审核。根据本书 5.2.2 中介绍的审批环节精益化方法，针对销售订单的审核环节回答两个问题，一是"审什么"，二是"审的依据是什么"。由于此处的销售订单是基于<销售合同>和<产品设计书>信息转录到 ERP 系统的，所以本质上没有什么可以审，确认后发现只是销售团队内部再人工检查一下录入的信息对不对而已。由于这部分的录入工作已经改为由流程机器人来完成，其准确性完全可以保证，所以这部分的审核就没有必要了。此处，把<销售订单下达>这个流程步骤并入<销售订单录入流程>，然后将<销售订单审核下达流程>直接去掉即可。

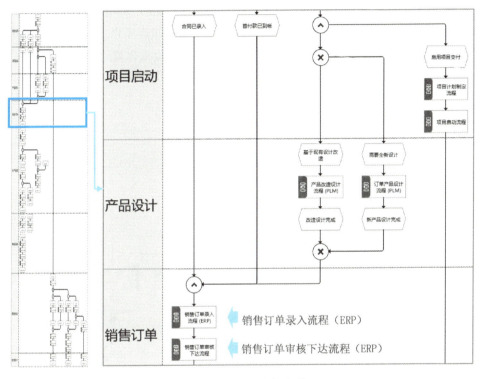

● 图 8-15　冗余流程

另外，由于在很多环节都引入流程机器人来进行信息的传递，很多输入输出的管理记录也得到了精简。

8.4　系统升级，更加"多、快、好、省、稳"

本书 2.3.3 节介绍了博阳家居管理团队在针对<商用市场快速交付能力>这个<关键成功因素>进行能力差异分析时认识到，要达成这项<关键成功因素>，企业的生产计划准确率需要提升。原来很多情况下都是因为生产计划反复调整而导致延期交付，所以博阳家居制定了<提升生产计划准确率>这个一级举措，并往下细分为两个非常具体的工作事项：一个是<实施一套数字化的高级排产系统>，另一个是<培训一支高级计划员团队>。如图 2-21 所示，这两个举措将提升<周生产滚动计划制定>和<月生产计划编制>这两个三级能力项，能力的提升具体落实在<周生产滚动计划编制流程>和<月生产计划编制流程>这两条职能流程效率和质量的大幅提升。

在图 8-16 所示<合同至回款（OTC）端到端流程>的生产阶段中，<周生产滚动计划编制流程>和<月生产计划编制流程>是两条重要的职能流程，因此这项关键举措的落实将大大助力"<首付款到账日>至客户<出具验收报告单>的周期尽可能短"这一流程优化目标的达成。这也是一个流程优化点。

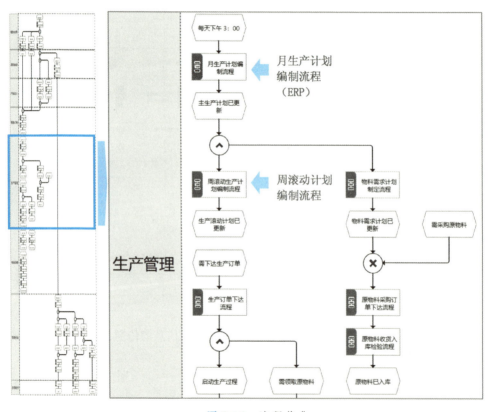

● 图 8-16　流程优化

本书 6.4 节中介绍了社交技术在流程中的应用。博阳家居在此端到端流程中也融入了数字化社交工具，增加了一个类似于微信的即时沟通工具，避免在复杂的端到端流程中发生太多退回的情况，也为交付周期的缩短提供了助力。

8.5 转型和优化后的效果

在实施了一系列的优化措施后,博阳家居<合同至回款(OTC)端到端流程>发生了质的变化,人工触发和传递的流程环节几近为零,自动执行环节显著增加,数字化的含量极大提升,流程整体运行越来越顺畅,<合同按时交付率>提升至95%的目标也顺利达成了。

第9章 流程优化案例：合同变更端到端流程

A公司是国内知名的设备制造企业，面对激烈的市场竞争，A公司制定了对外提供<高质量的产品和服务>，对内打造<卓越创新和运营能力>两大战略目标。针对这两大战略目标，如图9-1所示，A公司分析并确定了一系列的<关键成功因素>，其中有一项是<快速响应客户需求的变更>，还制定了相应的<关键绩效指标：订单变更导致的交期延长控制在合同交期天数的20%以内>。

● 图9-1　A公司<战略目标解码模型>

9.1　合同变更带来的困局

所谓"合同变更"，就是从签订合同后至交货前的阶段，客户对所买设备的需求发生了变化，要求对已签订的合同进行变更。

合同变更对企业运营的影响当然是很大的，但由于产品的特殊性，这种情况不但难以避免，而且发生的频率比较高。面对这种情况，企业虽然可以依据合同拒绝变更，但如果都这样处理，对于达成<高质量的产品和服务>这个战略目标是不利的。因此，面对市场现实，<快速响应客户需求的变更>成为一项关键成功因素。

A公司的管理团队发现，2021年由信息系统记载的合同变更次数大约为每天20次左右，而每个月多达400~500次，这个数量是完全超出大家的感知的。

经过深入分析，发现并不是每次系统记载的合同变更都源自客户需求的变化，里面混杂了很多以"客户需求变更"名义对内部工作错漏和失误进行的调整。

即使那些确实源自客户需求的变更，也有相当一部分根据合同是可以由客户承担相应成本的。但是，因为无法提供应需求变更导致成本增加的直接依据，加上销售人员担心与客户商谈由其承担成本会影响后续合作，所以大都不了了之，笼统归到内部成本中了。

合同变更导致的整个供应链调整过程，虽然每一次可能只会造成几千到几万元的成本，但日积月累造成的成本负担是巨大的，这也会直接影响到<成本不高于行业平均水平>这一关键成功因素的达成。

9.2 数字化突围：合同变更端到端流程的梳理

9.2.1 梳理和构建数字化端到端流程模型

面对这样的困局，A公司改进小组从<合同变更端到端流程>的梳理和数字化模型构建切入，开启了"数字化突围"的征途。

完整的<合同变更端到端流程>是什么样的？有多少次变更源自真正的客户变更需求？有多少次变更是应该进行成本核算，并与客户商讨成本分摊方式的？

梳理端到端流程并根据端到端流程的执行情况进行分析，进一步改进问题，是真正有效解决这些问题的途径。

首先，改进小组准确定义了<合同变更端到端流程>的起止点，即从收到客户变更需求开始（客户变更需求录入ERP系统起算），到客户变更需求满足的全过程（ERP系统中的生产计划调整完毕）。

然后，改进小组对全过程相关的管理痕迹进行梳理，并顺藤摸瓜一共理出25条职能流程。每条职能流程都有一套代表产出的管理记录，代表了需求在满足过程中的一个里程碑。

除此之外，改进小组还梳理出，因为不同的触发原因，25条职能流程一共在端到端流程中组成了7种不同的走法（即流程路径）。其中，真正由客户需求变更触发的只是这 7 条路径中的两条，另外 5 条路径都是由非客户原因（内部原因）触发的供应链调整需求，只不过借助<合同变更端到端流程>来实现。这个数据很是惊人。

通过梳理还发现，源自客户的变更需求只要是针对生产过程有调整的，都可能会产生成本，而且 ERP 系统是可以提供相应核算依据的，完全可以基于合同与客户方商讨成本分摊。

退一步讲，如果企业因为维护客户关系的原因决定自己承担这部分原本可以分摊的额外成本，按规定现在也需要经过<合同变更成本内部承担审批流程>，只不过这条流程现在形同虚设，2021 年只运行过区区 10 次。销售部门为了方便或者和客户拉近关系，在信息系统里面执行流程的时候，将成本选项直接选为"成本内部承担"，但事实上并没有执行过相关的流程。可见，<合同变更成本内部承担审批流程>的触发机制是存在较大问题的，该发起时没有被发起。

9.2.2 构建"数字孪生"流程还原分析平台

A 公司改进小组引入了流程还原数字化工具平台，将横跨 6 个信息系统的执行数据挖掘出来，还原到构成<合同变更端到端流程>的 25 条职能流程中。此举完成了实际运行数据与端到端流程模型的对接，让端到端流程模型动了起来，构建了<合同变更端到端流程>的"数字孪生"闭环。

基于此数字化的流程还原分析平台，改进小组发现从 2020 年 8 月至 2021 年 6 月，该端到端流程一共执行了 4000 余次，其中真正源自客户的合同变更仅占 40%，剩下的是产品调配、生产物资安排、生产工艺调整、产品信息修改，以及生产指令调整导致的供应链调整。

究其原因，这 25 条职能流程中有一部分流程的功能是传达指令给生产部门，且生产部门会严格按照流程指令进行操作，所以大家发现这些流程很"好用"，不管是不是合同变更，只要希望调整生产计划，就都发起<合同变更端到端流程>。改进小组甚至发现，不知为何，信息化部门还非常配合地将某一流程环节的执行界面进行了修改，由于是<合同变更端到端流程>的一个节点，所以原来必须输入一个合同变更号，但信息化部门将这一字段改为非必填项了。因此，在流程还原监控平台才会看到有很多<合同变更端到端流程>的实例中没有合同变更号。这也是为什么大量非客户需求也可以触发<合同变更端到端流程>的原因所在。

基于流程还原分析平台，A 公司还发现真正源自客户变更需求的<合同变更端到端流程>中，有 70% 的变更需求是可以由客户承担成本的，或者应触发<合同变更成本内部承担审批流程>。但实际上，只有 30% 的变更与客户协商了成本承担方式，余下的 70% 销售员直接在系统内勾选"成本内部承担",相当于销售人员直接决定由公司承担所有成本了。

基于流程还原分析的数字化平台,整个<合同变更端到端流程>的运行情况一目了然,各类问题清晰可见。

9.2.3 实现合同变更流程的数字化转型和优化

很显然,问题从流程中来,就要到流程中去改进。

首先要杜绝不属于<合同变更端到端流程>的业务场景"占用通道"的现象。改进小组为其他每一种内部原因导致的生产调整设计了各自的端到端流程,这些端到端流程能够合理地经过各自的路径,将需求或指令传达给生产部门,进而调整生产计划。需要强调的是,每一条新的端到端流程都不是完全重新设计和构建的,而是从现有的<职能流程架构>中找到适用的组件,即职能流程,然后组装而成的。<合同变更端到端流程>中的 25 条职能流程有相当一部分同时也是这些新端到端流程的组件。

然后,改进小组对<合同变更端到端流程>的流程逻辑进行明晰,借助 EBPM 方法论的流程路径规则设定方法,一旦需求属于需要进行成本评估的,就不能绕开该节点而直接去系统中选择内部成本,同时系统会自动触发<合同变更成本内部承担审批流程>,即构建了此流程新的触发机制。

当然,为了实现上述优化方案,信息系统也进行了相应的改造。流程改进小组引入新的流程管理系统,并借助模型与执行打通的技术手段,实现了流程与系统逻辑的环环相扣,不允许系统有绕开流程逻辑的"后门"。通过一系列的措施,优化方案很快落实到位。

9.3 转型和优化后的效果

<合同变更端到端流程>完成上述数字化转型改造和优化后,流程还原分析平台发现,优化完成后的一个月内,<合同变更端到端流程>的数量下降了 56%,由客户承担所有或部分变更成本的情况从原来的 100 次变更中有 30 次左右,增长到 70 次左右。

本案例中,流程优化的初衷是确保达成<快速响应客户需求的变更>这个关键成功因素。起初,优化小组认为其工作重点是在如何打通断点、堵点等方向上,最后却发现最大的问题是以下两点。

1）违规占用相关端到端流程，导致其混乱和拥堵，从而导致流程周期变长。将违规占用的情况消除掉，流程一下子就畅通了很多。

2）基于合同原本客户方可以承担部分或全部变更成本，但销售人员自行决定放弃了相关权力。该发起的流程确保发起，为公司节省了大量成本。

本案例最终优化的成果如图 9-2 所示，对<快速响应客户需求的变更>和<成本不高于行业平均水平>这两个关键成功因素的达成都起到了重要的促进作用。

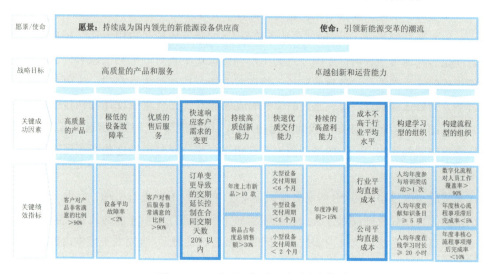

• 图 9-2　A 公司<战略目标解码模型>

第 10 章 流程管理优化案例：流程管理的数字化转型

10.1 流程管理面临的问题

本案例来自国内一家新兴的高科技设备制造企业。该企业以流程体系为核心，以管理制度、程序文件和作业指导书为载体，构建了完整的企业流程管理体系。该企业生产的设备属于填补国内产业空白的产品，因此产品研发处于不断攻关和创新的过程，流程管理体系也相应地在不断摸索、积累和迭代。随着产品攻关的不断推进，大量的知识和经验得以沉淀，并在流程中进行更新和固化，管理制度、程序文件和作业指导书等管理文件也在不断地增加和更新。

过去，这些管理文件的载体大多是电子文本，管理体系增、删、改、查的管理采用的是先变更电子文本，然后在办公系统中基于电子文本运行审核、审批和发布等治理流程的传统方法。随着企业的发展，这套机制突显的问题越来越大，主要体现在以下几个方面。

1）随着管理体系的不断更新，管理文件作为载体，其维护工作量越来越大。而在管理文件的维护过程中发现，由于不同文件中描述了很多相同的要素，所以普遍存在冗余和不一致的现象。

比如，组织、角色、术语、管理记录和管理要求等要素出现在不同的文本中，这些要素发生变更时，很多引用这些要素的管理文件并没有及时得到更新。举个例子，前期公司进行改制，公司名称发生了变化，仅是将所有管理文件中原有的公司名称改为新的公司名称，就查找更新了很多遍，耗费了大量的人力。

再比如，明明已经设计了统一规范的流程，但在某些文件中编写者还是重新画了一遍，这不但导致冗余工作，而且埋下了不一致的隐患。

2）外源性输入文件的落实管理越来越吃力。由于其产品的特殊性，该企业有很多外源性输入的管理文本必须在企业内部得到贯彻和落实。针对这些外来的管理要求，企业究竟制定了哪些相应的制度、程序和作业指导书，这些内部文件中的具体要求和措施又落实到了哪些具体的业务活动、岗位和人员；企业如何证明这些要求和措施在实际工作中被相关人员严格执行了。这是该企业面对外部监管机构必须回答清楚的问题，不然可能影响其产品上市。但这些工作现在都是靠电子文本和 OA 系统来管理的，在实际操作中，工作人员有越来越吃力的感觉。

3）员工对于搜索查看相关管理要求、经验和知识的需求越来越强烈，对现状的满意度越来越低。流程管理体系之所以不断地更新，是大量新经验和管理要求不断沉淀的结果，而员工迫切需要知道和掌握这些信息。基于电子文本的管理体系，只能做到基于关键字的搜索查找，不能基于管理要素从不同的维度进行快速搜索，更不能基于业务活动自动进行推送。如何将管理体系中沉淀的管理要求、经验和知识准确、快速地传递到相关员工，也是该企业管理者必须尽快解决的问题。

4）管理体系增、删、改、查的治理流程与管理体系本身脱节，没有将管理体系有效管控起来。管理体系是在电子文本中写，治理流程是在 OA 系统中运行，有效文件是在门户网页查看，这三者间基本上是割裂的。

比如，正在 OA 治理流程中审批的某个程序文件并不能锁定禁止修改，因为该文件的原件其实是在员工的个人计算机上。

治理流程的路径规则也是由技术人员另行设置的，管理文件中写明了流程域的主管领导是张三，但 OA 中的治理流程不可能直接从文件中读取这个信息，并将审批任务自动派发给张三。这都需要技术人员基于管理文件中的描述另行人工设置，容易设错。外源性输入文件中的管理要求发生变化，或者内部文件的有效期到了，也不能自动基于这些信息触发相关的治理流程。

综上所述，该企业迫切需要引入新的方法和技术来解决这些问题。

10.2 基于数字化模型的治理体系

流程管理作为企业一项长期的重要日常管理工作，必须构建一套长效运作机制来保障持续推进，使企业一直保持"理清楚""管起来""持续优化"的状态。

10.2.1 构建流程治理组织体系

该企业构建了流程治理的组织架构，设立了流程管理委员会，对整个流程管理体系负责；建立了流程管理的常设机构，并且根据流程架构的分级分类情况对所有一级流程域任命了归口部门和相应的责任人，由流程域主人对所有末级职能流程设定责任部门和责任人。

10.2.2 构建管理体系的数字化模型

在本案例中，该企业引入了数字化的流程建模平台，并基于 EBPM 方法论，将所有管理要素全部在平台中进行导入和梳理，进而构建了各类要素的分层分类架构，包括职能流程、端到端流程、作业流程、组织、角色、授权、记录、绩效、风险、管理制度、程序文件、作业指导书、外源性输入等。其中，组织模型还与现有的人力资源管理系统进行了对接，从系统取值自动构建组织架构模型；人力资源管理系统中的组织架构发生变化，数字化建模平台上的组织架构会同步更新。

原来以电子文本形式存在的程序文件等管理文件全部实现了"模型化"和"数字化"的处理。文件中对于职能流程、管理术语等要素的描述全部通过引用的方式自动生成相关章节。文本形式的程序文件全部由基于数字化的模型自动生成。

各类管理要素模型搭建完成后，对各要素架构进行分层分级的授权。例如，对于流程架构，分别定义一级流程域主人和末级职能流程主人，并赋予相关的编辑和查看权限。要素授权体系的搭建不仅是为了落实各类要素的归口部门和管理权责，也为后续治理流程的运行打下了基础。比如，当治理流程中正在审批某条职能流程时，数字化流程引擎能够通过授权体系自动找到该流程的流程域主人、流程主人、流程用户，使得治理流程能够顺畅且准确地运行。从一套模型中直接读取授权信息，自动派发任务，是数字化流程引擎的重要特征。

10.2.3 实现治理流程的数字化运行

该企业重新梳理了流程治理体系的全部流程，涵盖了流程和管理文件的设计、变更、发布、废除和特殊情况处理等管理过程。

这些治理流程同样在数字化的建模平台上完成模型构建，并且启用数字化的流程引擎直接运行。数字化流程引擎由数字化模型直接驱动，并且与流程、管理文件等各类要素模型深度耦合。

以下是该企业构建的几条主要治理流程。

- 业务流程管理流程：对流程的修改进行管理的流程。整个流程中对流程设计的规范性、业务符合性、可执行性等方面进行审核及审批，并在审批后由系统管理员进行统一发布，发布后直接触发宣贯培训流程。
- 新增流程管理流程：对新增流程的管理。只有通过一级流程域主人的审批，才够在流程架构中新增一条流程。新增流程设计完成后，需要通过<业务流程管理流程>再次进行审批，批准后才可进行发布和宣贯。

- **流程作废流程**：适用于流程的作废处理，需要一级流程域主人的审批。
- **职能流程主人变更流程**：职能流程主人的变更管理，由一级流程域主人重新任命新的职能流程主人。
- **流程域主人变更流程**：一级流程域主人发生变更，由流程管理委员会任命新的一级流程域主人。
- **文件管理流程**：适用于管理文件的修改，包括程序文件、管理类工作指导书两类，流程的执行过程与<业务流程管理流程>类似。
- **文件新增流程**：适用于管理文件的新增，需要通过一级流程域主人的审批，才能在文件架构中新增一份文件。新增文件设计完成后，需要通过<文件管理流程>再次进行审批，批准后才可进行发布和宣贯。
- **文件作废流程**：适用于文件的作废审批，主要是适用于被取消的业务文件，但也有些例外的情况。例如，该企业原来发布过《设计开发管理程序》，由于近期公司文件体系策划变更，该程序文件后期将以工作指导书形式下发执行，故原程序文件作废，同时需要新增工作指导书。此种情况也需要执行<文件作废流程>。
- **流程自评估流程**：该企业每季度由流程管理常设机构牵头，组织各部门进行流程自评估。流程主人围绕流程的运行情况进行评估，通过评估结果找问题、查原因，并制定改进计划。
- **流程运行问题反馈流程**：流程用户在执行流程过程中如发现问题或有改进建议，需要通过该流程反馈至流程主人，流程主人负责收集问题，并对流程相关方进行问询和调查，最后结合各方意见形成调查结论，确定是否需要改进流程。
- **流程改进流程**：基于自评估流程和问题反馈流程，流程管理常设机构不断收集流程潜在改进点，并负责申请流程改进项目和资源。在流程管理委员会批准后，由流程管理常设机构启动流程改进项目，指定项目负责部门和人员，成立项目小组。原则上，项目小组都由一级流程域主人牵头，由流程主人负责具体工作，即优化方案由一级流程域主人认定，方案的出具和实施由流程主人负责。

10.2.4 实现管理体系的数字化发布

所谓"数字化发布"，即数字化平台基于内置的算法逻辑，从构建完成的架构模型中自动抽取所有相关的管理信息，并精准推送给特定的对象。"自动抽取，精准推送"是数字化发布的特点所在。推送的对象可细化到用户或岗位,也可以基于科室、部门等各级组织单元进行抽取和推送。

除了主动推送之外,在数字化的流程管理平台上,员工还可以基于传统的关键字进行搜索查询,更可以基于各类要素进行搜索查询,比如,查看某角色相关的所有业务活动和管理要求等。

10.2.5 构建"数字孪生"治理流程还原分析平台

由于该企业的治理流程是在新一代的数字化平台上运行的,所以直接启用了内置的流程还原分析平台,实现了治理流程的"数字孪生"闭环,可以实时监控正在运行的流程数量、运行情况、是否有瓶颈点等,不但可以实时干预和优化流程的运行,也为治理体系流程的进一步优化提供了非常有价值的信息。

10.3 数字化转型和优化后的效果

通过构建数字化的模型设计平台,实现了基于要素的模型化流程管理,横向集成了各类外来体系标准、管理要求和法律法规;纵向实现了上下游流程输入输出信息的畅通,实现了端到端流程的拉通。以流程模型为载体,推进了管理体系由文档化向模型化转变,实现了一体化管理体系的构建。

通过构建数字化的治理流程运行平台,提升了管理体系设计过程的管控能力,解决了设计和治理过程脱节的问题,实现了治理流程对管理要素的直接管控(锁定或解锁),以及管理要素授权体系直接驱动治理流程的路径选择和任务派发,大大提升了流程体系归口管理部门、流程主人和流程用户的协同工作能力。

通过构建数字化的发布平台,不但实现了基于同一套模型的多维度、多视角发布,使得员工可以高效便捷地搜索并查看相关信息,同时还实现了管理信息针对业务活动、岗位、人员、角色和部门的完整及精准推送。

通过构建数字化的还原分析平台,实现了流程管理体系从设计、执行、监控到优化的全生命周期数字化管理。

第 11 章 EBPM 方法论简介

11.1 为什么提出 EBPM 方法论

本书是《流程管理风暴：EBPM 方法论及其应用》的进阶篇。为方便读者理解，本章对 EBPM 方法论进行简要介绍。

EBPM 方法论是上海博阳精讯信息科技有限公司在多年理论研究和实践经验基础上提出的一套"基于管理要素构建企业管理体系"的方法。EBPM 是英文 Element-Based Process Management 的缩写，意为"基于要素的流程管理"方法论。EBPM 方法论涵盖了 BPM 基本框架的全部内容，同时又将管理视角扩大到企业的整个管理体系。所以，EBPM 方法论论述的是如何以业务流程为核心和纽带，完整构建一套企业管理体系的方法。由于这套方法论可以有效地帮助企业构建一套卓越的管理体系，所以 EBPM 方法论有时也被称为卓越业务流程管理（Excellent Business Process Mamagement）方法论。因此，EBPM 方法论构建的不仅是企业的业务流程体系，而是整个管理体系，业务流程是整个管理体系的核心和纽带。

EBPM 方法论与其他 BPM 方法论的最大区别在于：基于管理要素构建企业管理体系模型（以下简称"管理体系建模"）。即 EBPM 方法论是以"管理体系建模"这个理论为核心的，方法论中提出的所有原则、规则和实践方案均由这个核心理论推演而来。

这套方法论不但给出了"基于管理要素构建企业管理体系"的具体详尽的实操方法，同时，还完整地给出了一套基于"管理体系模型"实现业务流程和管理体系全生命周期管理的方法。

与"管理体系建模"这个基础理论相匹配，EBPM 方法论中还提供了一套支撑这套理论的工具软件。EBPM 方法论中的理论和工具好比给企业插上了两个有力的翅膀，将给企业的管理带来新一轮的提升，某些方面甚至会带来根本性的变革和质的飞跃。

- 变革一：从微观上来说，将企业管理体系的构建带入前所未有的精细化程度，带来对于企业管理体系的全新认知。
- 变革二：从宏观上来说，使得构建一个"结构化"和"一体化"的企业管理体系全景图成为可能。
- 变革三：提出了识别、分析和优化管理问题的新技术、新思路、新方法。
- 变革四：从"管理要素"的细度，构建了企业管理体系的闭环。
- 变革五：企业管理体系的构建将迈入数字化建模阶段，大部分管理文档将由模型自动生成，不再需要人工撰写。
- 变革六：管理文档的主要读者是管理者本身，而不是员工。员工应知的管理要求将由模型自动抽取并精准推送给员工。
- 变革七：明确一项工作要执行哪些管理要求的责任人由员工转为管理者。
- 变革八：各职能部门间开始真正协同思考和设计企业的"一体化"管理体系。
- 变革九：大大增强了管理体系设计的柔性，适应企业的高速发展和变化。

11.2 基于管理要素

正如我们这个大千世界的构成元素可以浓缩成一张元素周期表一样，企业的管理体系也可以提炼为一套图 11-1 所示的 EBPM 企业管理体系架构。

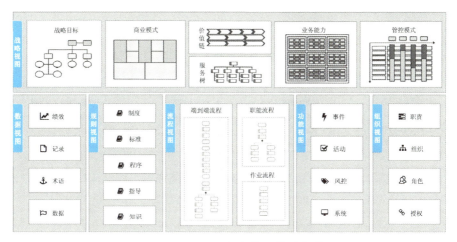

图 11-1　EBPM 企业管理体系架构

EBPM 方法论认为企业的管理体系首先应拆分成各类管理要素,而一个"精益化"运营的管理体系,则是由这些管理要素相互关联、相互作用而构成的一个"结构化"和"一体化"的整体。其中,"业务流程"是将各类"管理要素"关联起来并构成"一体化"管理体系的关键纽带,也是管理体系实际运营的载体。

11.3 EBPM 方法论的主要内容

如图 11-2 所示,针对四大核心命题,EBPM 方法论从路径、方法和工具三个层面给出了完整的理论和方法。正如显微镜的发明和细胞理论的提出为生物学的发展带来了革命性的变化,EBPM 方法论中的工具平台和理论方法,也将企业构建管理体系的能力提升到一个全新的高度。责-权一致性分析、授权-活动体系分析、端到端流程断点分析等管理要素级别的分析方法,给管理者带来了全新的分析视角和大量的创新思路。而"理清楚""管起来""持续优化"的管理体系构建路径,覆盖了管理体系在设计、执行、治理和优化各阶段的操作方法,是实践 EBPM 方法论的作业指导。

图 11-2　EBPM 方法论总图